融入式社會情緒學習：
幫助學生發展SEL核心技能

All Learning Is Social and Emotional:
Helping Students Develop Essential Skills
for the Classroom and Beyond

Nancy Frey, Douglas Fisher, & Dominique Smith　著

侯秋玲　譯

ALL LEARNING IS
SOCIAL AND
EMOTIONAL

Helping Students Develop Essential Skills
for the Classroom and Beyond

NANCY FREY | DOUGLAS FISHER | DOMINIQUE SMITH

目次

CONTENTS

作者簡介

Nancy Frey 是聖地牙哥州立大學教育領導學院的教授，也是健康科學高中和初中學院（Health Sciences High & Middle College）的教師領導者。在加入大學教職之前，Frey 是佛羅里達州布洛瓦郡（Broward County）公立學校的特殊教育教師，教導小學生和國中生。後來，她在佛羅里達州教育廳工作，參與一個全州性的計  畫，在普通教育課程裡提供特教學生相關的支援與協助。Frey 獲得了美國州立學院與大學協會頒發的克里斯塔・麥考利夫卓越教師教育獎（Christa McAuliffe Award for Excellence in Teacher Education）和語文研究協會頒發的青年教師獎（Early Career Award）。她的研究興趣包括閱讀和讀寫能力、評量、介入療育和課程設計。她發表了許多關於語文讀寫和教學的文章與書籍，包括《透過結構化教學學得更好》（*Better Learning Through Structured Teaching*）和《如何接觸難教的學生》（*How to Reach the Hard to Teach*）。聯絡電子信箱為：nfrey@mail.sdsu.edu。

Douglas Fisher 是聖地牙哥州立大學教育領導學院的教授，也是健康科學高中和初中學院的教師領導者。他是加州閱讀名人堂（California Reading Hall of Fame）的成員，並獲得國際閱讀協會頒發的傑出語文獎（Celebrate Literacy Award）、美國英語教師協會頒發的

法默傑出寫作獎（Farmer Award for Excellence in Writing）以及美國州立學院與大學協會頒發的克里斯塔‧麥考利夫卓越教師教育獎。Fisher 發表了許多關於提高學生學業成就的文章，他的著作包括《有目的的教室》（*The Purposeful Classroom*）、《強化介入反應模式》（*Enhancing RTI*）以及《有意圖和對準目標的教學》（*Intentional and Targeted Teaching*）。聯絡電子信箱為：dfisher@mail.sdsu.edu。

Dominique Smith 是健康科學高中和初中學院的教育服務兼教師支援部門主任，同時也是這個學校的文化建設者和學生倡導者。他是《比胡蘿蔔或棍子更好：正向班級經營的修復式實踐》（*Better Than Carrots or Sticks: Restorative Practices for Positive Classroom Management*）和  《建立公平的教育：賦予所有學習者力量的政策和實踐》（*Building Equity: Policies and Practices to Empower All Learners*）的合著者。Smith 擁有南加州大學社會工作碩士學位和聖地牙哥州立大學教育領導博士學位，並獲得了學校安全倡導委員會（School Safety Advocacy Council）頒發的全國學校安全獎（National School Safety Award）。聯絡電子信箱為：dsmith@hshmc.org。

譯者簡介

侯秋玲

　　臺灣大學外文系學士，彰化師範大學特殊教育碩士（主修資優教育），臺灣師範大學教育博士（主修課程與教學）。現任臺灣小學語文教育學會理事，為拓展語文教育之可能性而努力，並和一些學校及教師社群長期合作課程教學設計和教學觀察討論。曾任臺灣師範大學教育系兼任助理教授、教育專業發展中心博士後研究員，負責國中小補救教學師資培育計畫，關注弱勢者教育，期望培育出有教育愛與教育專業的教師，協助每一個學生成功學習。亦曾任毛毛蟲兒童哲學基金會執行長，喜歡跟孩子一同探索「思考」和「學習」的各種可能性。

　　另外也翻譯童書繪本、親子教養書和課程教學資源書，如《核心問題：開啟學生理解之門》、《領導差異化教學：培育教師，以培育學生》、《整合運用差異化教學和重理解的課程設計》、《為深度學習而教》（以上為心理出版社出版）、《分享書，談科學：用兒童文學探索科學概念》（華騰文化出版）、《無畏的領導，堅定的愛》（遠流出版）。與一群好夥伴編寫過《聊書與人生》、《聊書學語文》、《聊書學文學》、《文學圈之理論與實務》（以上為朗智思維科技出版），《練好閱讀功：20個文學圈讀書會示例》（天衛文化出版）。未來，應該會繼續探究教與學，譯寫更多好書。聯絡電子信箱為：houchiuling@gmail.com。

譯者序

2018 年收到美國教育視導與課程發展協會（ASCD）寄來這本會員選書 *All Learning Is Social and Emotional: Helping Students Develop Essential Skills for the Classroom and Beyond*，讓我眼睛一亮，翻譯這本書的念頭悄悄萌芽。

當時的我，在臺灣師大教育專業發展中心執行教育部補救教學師資培育計畫已有五年，曾經多次聆聽教育系唐淑華教授在「補救教學概論」課程裡，不斷提到希望感模式（個體的意志力—有方法跨越障礙—達成目標），如何從自我效能感、自主能動性、學習動機、有效認知策略和學習型組織來幫助學生學習；也多次聆聽心輔系陳慧娟教授在「低成就學生心理特質、輔導與班級經營」課程談自我價值感、成敗歸因、自我調節、人際依附關係、延宕滿足、正向心理學、成長型心態等等的理論和實務。我心想，這些主題，對所有學生都好重要，對所有老師也好重要，不應該只放在補救教學領域來談論；而且，這些概念和做法應該結合學科教學和學校活動來進行，不應該獨立被放在諮商輔導或班級經營領域。果然，到了 2017 年親子天下舉辦的「幫助每個孩子成功」國際教育論壇，邀請保羅・塔夫（Paul Tough）專題演講，他提到「培養恆毅力、好奇、自我覺察、樂觀、自我控制等非認知能力（也稱為品格力），不僅有助發展孩子的社會性、情緒管理，更和孩子的每一個發展面向都有關。如果我們能專注培養孩子的這些能力，他們就有可能長成一個不僅懂得追求好學歷、好薪水的成人，更可能成為社會中的好公民」。

我的想法得到了正向增強，也開始留意各種與這些主題相關的書籍，像

是《心態致勝》、《恆毅力》、《動機，單純的力量》、《孩子如何成功》、《幫助每一個孩子成功》、《從希望感模式論學業挫折之調適與因應：正向心理學提供的「第三種選擇」》等等，我在尋找一本更深入學校教學實務面、更加以學生為中心的優質教學書，讓第一線老師有一個整體理論架構去理解這些主題的相關性，又有實際教學例子去實踐和培養這些重要的能力。

然後，我收到了這本書，如獲至寶。然後，我看到近幾年，社會情緒學習（social emotional learning, SEL）的議題在國內逐漸形成熱潮，特教界在實施 SEL，有些老師開始參與 SEL 工作坊，臺灣師大也設立了「社會情緒教育與發展研究中心」。我想：翻譯這本書的時機到了，是時候將《融入式社會情緒學習：幫助學生發展 SEL 核心技能》推介給大家了。當然，要感謝心理出版社成全！

教育，是十年樹木，百年樹人的長久大業。我們投身於這個領域，我們都關心學生的學習，我們也花費許多時間在確保學生學習，本書第一章開始，作者群就希望我們好好思考：「我們期望學生在學校裡學習什麼？數十年來，我們一直在辯論這個問題。我們應該教什麼？學生需要學習和能夠做到什麼？」（親愛的讀者，您覺得呢？）從核心學科知能、職業工作技能到社會情緒技能，我們的樹人工作需要考慮的面向似乎越來越廣、越來越雜，因此也必須抓住新世代孩子非常關鍵必備的重要技能，在我們能培育、照顧學生的幾年時光裡，陪伴他們做有價值的學習，讓他們帶著這些技能，充滿信心的迎向日益快速變動的社會，並且回過頭來，成為有能力照顧我們的優質公民。

怎麼做呢？本書三位作者在第一章鋪陳了一個「融入式社會情緒學習」的大架構（參見圖表 1.1），希望學校行政人員和老師們不要將社會情緒學習和學生各科學習及學校活動分開，而是能夠充分結合、無縫接軌，讓學生在所有的學習活動裡學習社會情緒技能。接著在第二至六章，分別就自我認

同與自主能動性、情緒調節、認知調節、社交技巧、公共精神，闡述了其重要價值、定義、相關主題概念和各種可能的教學做法實例，並且結合兒童文學作品和學生探究討論這些 SEL 概念與技能。附錄則彙整了更多的兒童文學作品當作教學資源，這些書單很有用，所以我特別搜尋翻譯成繁、簡體中文版的書目資訊，一併提供老師們參考與應用。

三位作者的論述解析清楚又有條理，讀者可先閱讀第一章，思考和決定是否將融入式 SEL 當作您身為教師的努力目標，然後依據班上孩子的需求，往第二至五章取經、嘗試、觀察學生的反應和進展。若您和學校的孩子有機會邁向第六章的公共精神，請務必讓我知道並恭賀您們的偉大成就，我相信，您的學校必然回應了 ASCD 全人教育方法的五大信念：

1. 每個學生都**健康**的進入學校，學習並實踐健康的生活方式。
2. 每個學生都在學生和成人身心**安全**的環境中學習。
3. 每個學生都積極**投入**學習，並且與學校和更廣大的社區建立連結關係。
4. 每個學生都獲得個人化學習的機會，並且有稱職、關懷的成人**支持**他們。
5. 每個學生都受到鼓勵去**挑戰**學科學習，並且做好準備，能夠成功就讀大學或進一步深造，在全球化的環境中能夠就業和參與。

本書的最後，作者群這樣提問：「為什麼教育工作者花了這麼長的時間才完全承擔這個責任？」然後又問：「種一棵樹，最好的時機是二十年前，其次是今天。你要種什麼樹？什麼時候種呢？」

就從今天，開始種下 SEL 樹。親愛的讀者，希望，聽見，您這樣回答。

侯秋玲謹誌

Chapter 1

有價值的學習

　　學習，是學校的意義所在，對吧？無論我們在教育系統裡的角色是什麼，我們都關心學生的學習，而且，我們花費無數的時間在試著確保學生**真的**學習。但確切來說，我們期望學生在學校裡學習**什麼**？數十年來，我們一直在辯論這個問題。我們應該教什麼？學生需要學習並且能夠做到什麼？

　　在許多圈子裡，這個答案很簡單。學校需要教，而且學生需要精熟的是核心的學科領域。畢竟，大部分績效責任評量測驗的焦點都放在語文和數學，有時再加上科學和社會。學校在評比和排名上要「成功」，它們的學生就必須在學科成就測驗上表現得很好，在這些學校裡，教學的每分每秒都必須聚焦在學科技能的發展上。

　　在其他圈子裡，「有價值的學習」（worthwhile learning）擴大納入了職業和工作場域的技能，例如，美國勞工部「獲致必要技能委員會」（Secretary's Commission on Achieving Necessary Skills [SCANS], 1992）就強調他們覺得學校教育欠缺這個面向：所謂「學習謀生」（learning a living）的系統。除了呼籲學習語文和數學的基本技能之外，SCANS 報告書也倡議學校應將重點放在實際應用知識所需的思考技能，以及養成職業

工作者敬業負責並值得信賴的個人特質。

體認並優先強調未來職場重視的技能，反映出社會大眾逐漸了解到學校能夠影響的不僅僅是學生的學科領域知識，舉例來說，加州現在將「職業進路」納入學生展現大學與職涯準備度（college and career readiness）的幾種方式之一；在加州的新績效責任評鑑模式裡，高中學生在三年內必須完成 300 小時的職業與技術教育課程，才會被認定為「準備充分」。在這些課程裡，含藏著非認知技能（noncognitive skills），例如：與他人協同合作以解決問題、研發新產品、清楚的溝通和誠信正直的做決定。換言之，個人性格特質是技術技能的基礎，而這些性格特質與美國勞工部架構出來的職場素養技能是一致的（SCANS, 1992）。

在更其他的圈子裡，「有價值的學習」被理解為：除了學科技能之外，還要包含社會與情緒技能的掌握。支持這種更寬廣的學習觀點的人——很明顯的，我們是其中之一——相信以社會情緒學習（social emotional learning, SEL）面向為焦點的明示教學，將會影響和改善學科的學習。

到目前為止，學校績效責任系統裡針對社會情緒學習的努力作為非常有限。例如，在我們的家鄉加州，衡量學校成功的多元指標裡包含了停學率和開除率，一些批評者認為，這樣的做法助長了過於寬鬆縱容的環境，學校的教師和行政管理人員「對犯罪的態度軟弱」。支持者則反駁說，讓學生留在學校的能力不僅是學校成功與否的有效**衡量標準**——更是**增進學校成功**的有效手段。為了降低停學率和開除率，學校必須幫助學生發展社會與情緒技能，使學生能夠正向的和其他同學、老師相處互動，積極的參與投入學習。

◯ 更進一步了解社會情緒學習

社會情緒學習有幾種不同的定義（參見 Humphrey et al., 2011）。一般

來說，它聚焦在一系列能夠協助學生在學校、職場、人際關係和團體社群中取得成功的社會、情緒、行為和性格技能。

　　儘管這些技能會影響學科學習，但通常被視為「軟實力」或個人特質，而不是明確的教學目標。不過，就算我們並不認為自己在教 SEL，但實際上我們就是在教 SEL。就像 Berman、Chaffee 和 Sarmiento（2018）所說的：「我們**怎麼教**和我們**教什麼**一樣具有教學效果。正如教室文化必然反映出社會歸屬感和情緒安全感一樣，學科教學也會體現和強化這些能力，而這些能力也會強化學科教學」（p. 13）。每一次站在班級學生面前時，教師都在傳達這些價值。

　　目前針對學生社會與情緒需求的教學作為，可以追溯到 Waters 和 Sroufe（1983）的著作，他們將能力素養（competence）描述為「針對情境需要，產生和協調運用有彈性、適應性的反應，並在環境中創造和利用機會」的能力（p. 80）。換言之，有能力素養的人是有適應能力的，他們以適當的方式對情境做出反應，並在團體社群中尋找機會。這難道不是我們希望學生能夠做到的嗎？由此看來，學校應該投資心力在培養和發展學生這類型的技能。

　　關於社會情緒學習的思考，這些年來逐漸發展成型。1997 年，Elias 及其同事提出社會情緒學習包含了一系列的能力，後來 Durlak、Weissberg、Dymnicki、Taylor 和 Schellinger（2011）再進一步描述這些能力是：

- 覺察和控制情緒。
- 設定和達成正向的目標。
- 理解別人的觀點。
- 建立和維繫正向的關係。
- 做出負責任的決定。
- 有建設性的處理人際問題狀況。（p. 406）

幾年之後，學業與社會情緒學習協會（Collaborative for Academic, Social, and Emotional Learning [CASEL], 2005）定義出五個相互關聯的認知、情意和行為能力：

- **自我覺察**——能夠反思自己的情感、價值觀和行為。
- **社會覺察**——能夠從另一個觀點來看事件情境，尊重別人的社會及文化規範，認同讚揚文化多元性。
- **人際關係技能**——能夠和同儕、教師、家人及其他團體建立和維繫正向的連結關係。
- **自我管理**——包含自我激勵動機、目標設定、個人組織能力、自律、衝動控制和運用策略處理壓力等等的技能。
- **負責任的決定**——考量自己與他人的福祉以做出選擇的能力。

距離本書出版最近的是華萊士基金會提出的模式（Wallace Foundation model；參見 Jones, Bailey, Brush, & Kahn, 2018），它指出社會情緒學習包含三個領域：

- **認知調節**——注意力控制、抑制控制、工作記憶與計畫、認知彈性。
- **情緒處理**——情緒知識和表達、情緒和行為調節、同理心或觀點取替。
- **社交／人際技能**——理解社交線索／暗示、衝突解決和利社會行為。

◐ 社會情緒學習屬於學校教育的範疇嗎？

提到華萊士基金會，他們的工作指導原則是「有幾分證據，說幾分話」。在《融入式社會情緒學習》這本書裡，我們將這個原則牢記在心，任何仔細關注 SEL 研究的人都會明智地避免對 SEL 的影響效果說出太多

確切的斷言。不過，有一點是我們確切相信的：教室裡的學習永遠都包含認知、社會與情緒的面向。

多年來，我們以教師、行政管理人員和顧問的身分，與數千名的學生和教師一起工作。我們工作的範圍跨及小學、國中、高中和幾乎各種學校組織的普通教育、特殊教育和職業教育課程。基於這些工作經驗以及對 SEL 研究文獻的探討，我們得出這個結論：因為教師毫無疑問地會影響學生的社會與情緒發展，所以他們有責任以正向積極和深思熟慮的方式來產生這樣的影響。

如同我們先前所述，有幾種不同的思考方式可用以架構學生的社會情緒學習需求，也研發出數以百計的課程方案來支持學生有效發展社會情緒技能。在發展多種 SEL 教學法的同時，也有人在關注如何最有效地將這方面的學習正式融入教育者的工作當中。

在我們進一步討論之前，最好先來談談關於 SEL 的三個常見問題。

把焦點放在 SEL，會影響學業學習嗎？

的確，老師能與學生相處的時間只有這麼多，在這段時間內最大限度的學習至關重要。研究顯示，花在 SEL 的時間有助於促進學業學習（如 Durlak et al., 2011; Hawkins, Smith, & Catalano, 2004）。正如 Jones 及其同事（2018）的解釋：「能夠有效管理自己的思考、注意力和行為的孩子，也比較可能取得更好的成績和更高的標準化測驗分數。」（p. 15）

簡而言之，當學生發展出利社會行為和自我調節技能時，他們就能學得更多（如 Duncan et al., 2007）；而問題行為未得到解決的學生則學得比較少（Wilson, Gottfredson, & Najaka, 2001）。

SEL 課程方案會收編父母／家庭的角色嗎？

這個問題表達的擔憂是：與 SEL 相關的課程會教導價值觀。這是真

的，確實如此。但我們認為，價值觀是（不只現在，過去也一直是）學校教育裡的一個元素。當老師選擇一本特定的書來教學時，這種選擇傳達了價值觀；當老師回應一個問題時，他如何回應的方式也傳達了價值觀。當老師要求學生以男孩─女孩─男孩─女孩的順序排隊時，這種做法也傳達了價值觀。學校，以及學校裡的成人和其他跟學校有關係的人，在教每一節課時都會有意或無意地傳達他們的價值觀、道德觀和信念。這是**潛在課程**的一個面向（我們將在下一節討論）。這是監督和審查機制存在的原因，也是為什麼我們有學校董事會和課程委員會的原因。

當學校和教師以公開透明的方式從事 SEL 教學時，社區（包括家長和家庭）就可以監督和批評這些作為。

SEL 會造成團體迷思和集體一致性嗎？

多年來，我們不時會聽到有人說 SEL 是「共產主義」或「社會主義」，坦白說，我們至今仍然對這種觀點感到訝異。學校裡並沒有哪一種思維方式是享有特權的，SEL 課程也不例外。行為舉止有適當的方式，我們的社會也有定義規矩禮儀和社會規範的方式，每一種方式都有各種細微差別和變化。

我們相信，幫助學生在社會與情緒方面成長及發展的教學作為，絕對不是受到政治目的的驅使，而是象徵著教師非常認真努力想協助學生發展出成為有用的社會一份子所需的技能。

◐ SEL 即課程

圍繞在 SEL 的諸多爭議，似乎都根源於大眾對於 SEL 課程可能影響、形塑學生思維的擔憂。為了能夠直接在教室裡探討 SEL，我們首先需要考慮**課程**的各種面向，想想世界課程理論專家之一 George Posner 所解

釋的課程面向。

Posner 認為，任何課程至少有五個層次：

- **官方課程**或書面課程，提出基本的教學計畫供人遵循，包含目標、順序和教材。這種課程為績效責任制提供了基礎。
- **運作課程**是教師所教的課程內容和如何傳達溝通的方式，這包含教師在課堂上所教的內容以及學生的學習結果。
- **潛在課程**包含周遭社會的規範和價值觀，這些會比前面兩種課程更強烈也更持久，也有可能會與前兩種課程有所衝突。
- **空無課程**包含沒有教的內容，我們必須想一想為什麼某些內容沒被包含在官方課程或運作課程裡的背後原因。
- **額外課程**是在特定教育時段之外所計畫的經驗。（1992, pp. 10-12）

長久以來，SEL 一直存在潛在課程裡，當一位大人說「男生不哭」或「說謝謝」時就證明了這一點。學生任何時候都在進行社會情緒學習，但有些 SEL 學習並不是正向有效的。如果 SEL 繼續維持是潛在課程的一部分，那麼學生的學習就會產生落差，舉例來說，如果學生沒有被直接教導自我調節策略，那些還未發展出這些策略的學生可能就會被排斥或邊緣化，老師可能會說某個學生總是沒有進入學習狀態，或老是分心，或無法專注，這就是學生因為沒有精熟他從來沒被教過的東西而受到責備的例子。當所有學生都被教過自我調節策略，老師就可以提醒他們運用這些策略。正如 Posner（1992）說的：

發生在學生身上的每一件事都會影響他們的生命，因此，必須從非常寬廣的角度來考慮課程，不只考慮我們可以為學生在校內甚至校外預先計畫、安排什麼樣的學習，還要考慮到個人遭遇每一種新情況時所有預料之外的後果。任何情況的所有後果包含的不只是它在

正式意義上是如何被學習的，還包括在經歷這種情況的個人身上產生的所有想法、感受和行動傾向。但是，既然每個人至少在某些細微的方面會與其他人不同，所以沒有兩個人會以完全相同的方式體驗相同的情況。（p. 51）

承認 SEL 是課程裡正式的組成部分，這讓教師可以在教室裡實施 SEL。當然，這也會使得 SEL 公開受到大眾的評論，就像其他學科領域也有不少關於課程的激烈辯論一樣，包括英語科的自然拼音法、科學領域的進化論、社會科的哥倫布、數學領域的步驟程序相對於概念發展，任何被視為教育經驗裡重要、有價值的部分內容都會成為眾人熱烈討論、不同觀點交流的對象，同時也會受到這些紛呈論點的影響。在我們看來，SEL 也值得像當今存在的學科課程一樣，持續受到同類型的嚴格辯論，如此一來，SEL 就能像學科課程一樣，隨著時間而持續演進發展。

◎ SEL 即培力增能

教師必須教導學生如何就他們面臨的選擇和問題做出決定。一個擁有卓越的學科知識，但社會技能或解決問題能力很差的學生，可能是容易被人操弄的高危險群學生。同樣的，能夠預測自己行為可能後果的學生，或許更有能力做出好的決定。

以我們認識的五名表現優異的高三學生為例，他們在參加學校贊助的全州競賽時，被抓到在飯店房間裡吸食大麻。這些學生非常懊悔，事後看來，他們體認到自己的所作所為是一個糟糕的決定，但當選擇擺在面前時，他們「當下陷入衝動」而且「沒有思考」。我們知道行為確實會，也應該會產生後果。我們的重點是，這些學生的**學科**學習並沒有讓他們做好充分的準備去面臨現實世界的挑戰。幫助學生建立強大的社會與情緒技

能，除了有其他的好處之外，也能讓他們具備考慮後果並做出好決定的能力。

　　不過，社會情緒學習不只是幫助學生遠離麻煩而已，它更是在培養可應用於各種情境的生活技能。在本書的諸多例子當中，你會發現一條以「問題」為焦點的主軸線，例如如何在團隊中工作或如何與他人相處。我們希望學生學到的重要學習之一是如何找出問題、分析問題和解決問題。為了做到這一點，學生需要面對許多學業、社會與情緒方面的挑戰——而且教師必須提供他們正確的工具來處理這些過程。透過這本書，我們的目的是提供教師一個策略工具箱，幫助他們將學生轉變為有能力的、全能的問題解決者。

　　在大多數的情境裡，學校只是透過特定的課程計畫提供學生社會情緒學習的機會，但有研究證據顯示，就算只是附加輔助型的課程計畫也能夠幫助學生發展必要的技能（Harrington, Giles, Hoyle, Feeney, & Yungbluth, 2001）。在其他情境裡，SEL 是放學後的教學活動和介入措施的焦點，這也有助於學生發展他們的技能（Durlak, Weissberg, & Pachan, 2010）。不過，我們真正需要的，也是不太常見的，是學校要強化、擴大 SEL 課程計畫所引介的原則，將這些原則化為學校本身的組織結構。為了使 SEL 產生長久和持續的影響，我們必須將 SEL 融入到學科主流當中，而不是停留在邊緣地帶。

　　我們認為，教室裡的教師在這融入 SEL 的努力作為當中扮演著關鍵角色，他們有目的的採取行動以培養學生的社會與情緒技能也至關重要。我們之所以這樣說，部分原因是教師早已透過潛在課程和學生進行這種類型的學習，另外也是因為還有更多的學生需要學習這些技能才能取得成功。為了促進統整融合，我們在本書的附錄裡列出可用於社會情緒學習的文學資源書單，那些真實和想像人物所面臨的問題提供了擴展想法的機會，可以好好探討學校正在使用的 SEL 課程計畫介紹的想法。在後續各

章裡的場景故事，也說明了教師如何運用敘事文本和資訊說明文本，作為有價值的 SEL 教學的跳板。

Durlak 和他的同事（2011）針對 213 個社會情緒學習課程計畫進行後設分析（包含從幼兒園到十二年級的 270,034 名學生），指出教室裡的教師在實施 SEL 方面非常有效。事實上，教師的實施對該研究探討的六大因素都有統計上的顯著效果：

- **社會與情緒技能**（效果量 = .62）。這個成分的重點在於「從社交線索辨識情緒、目標設定、觀點取替、人際問題解決、衝突解決和做決定」（p. 6）。
- **對自己和他人的態度**（效果量 = .23）。這個成分包括「自我認知（例如：自尊、自我概念和自我效能感）、學校連結關係（例如：對學校和老師的態度），以及關於暴力、幫助他人、社會正義和吸毒等等的傳統信念（即利社會的信念）」（p. 6）。
- **正向的社會行為**（效果量 = .26）。這個類別的重點在於「與他人相處」（p. 6）。
- **行為問題**（效果量 = .20）。這個類別包括各種有問題的行為，包含「擾亂課堂行為、不服從、攻擊、霸凌、停學和違法行為」（p. 7）。
- **情緒困擾**（效果量 = .25）。這個類別的重點在於內在心理健康問題，包括「抑鬱、焦慮、壓力或社交退縮」（p. 7）。
- **學業成績**（效果量 = .34）。這個類別包括「標準化閱讀或數學成就測驗成績」以及特定課程的成績（p. 7）。

效果量（effect size）是衡量影響程度的一個指標，或者，基於所研究的影響變項，最終獲得了多少成效。有關學生學習成果的教育「影響變項」，平均效果量是 .40（Hattie, 2009），作為教育工作者，我們關注的通常是「高於平均」的行動、策略或教學做法。例如，課堂討論（classroom discussion）的效果量是 .82（Hattie, 2009），因此這個教學法受到讚揚和關注；相對的，留級（grade-level retention）則因其負效果量（-.13）而受到批評和反對。

　　當教師教導社會與情緒技能時，學生會學習這些技能（效果量是 .62），這很合理，因為教導社會與情緒技能應該直接影響學生運用這些技能的能力。然而，審慎的 SEL 教學也會對學生生活的其他層面產生間接的影響──正向影響態度、社交行為、行為表現、壓力程度和學業表現。根據 .40 的標準，發展學生的社會與情緒技能是值得投資時間的。然而，正如 Hattie 自己所說的：只是因為某個影響變項的效果量低於 .40，並不代表它不值得關注。他的分析焦點只放在學業學習的成果上，他也承認學校教育可以產生其他非常有價值的成果。我們同意他的看法。

　　例如，如果教師能夠協助學生處理他們的心理健康問題，這樣的時間可能花得很值得。我們認識一位名叫阿曼達（Amanda）的學生，她有社會退縮症狀，經常感到焦慮。她幾乎沒有朋友，而且拒絕參與任何社交活動。她每星期會去看精神科醫生兩次，學校諮商輔導員三次。這些專業人員都幫助阿曼達應對焦慮，克服她對社交場合的退縮傾向。我們並不是建議教師可以取代心理健康專業人員，然而，當阿曼達的中學老師開始將社會與情緒技能融入課堂教學裡，並根據專業人員的建議，在教室中自然地滿足學生的需求時，阿曼達有了很大的進步。英語課她能站在全班面前演講，科學課能完成小組專題研究，並參加學校舞會（後來她在反思札記中寫到她「喜歡與其他孩子在一起，喜歡有人可以交談」）。

　　同樣的，有哪位老師不希望看到問題行為減少，即使它沒有達到 .40 的效果量？對於我們大多數人而言，只要能減少 Durlak 和同事（2011）所描述的行為類型，什麼做法都會受到歡迎。教導學生如何管理他們的行為，而非只是面對行為後果，這對他們長遠的發展是有益的。我們想起了亞歷克斯（Alex），一位總是分心而且有擾亂課堂行為的年輕人，他過去

受到了許多懲罰，以至於他的母親告訴中學老師：「我不要你再打電話給我了。你就把他停學，我之後再來處理。」她和亞歷克斯的老師一樣感到沮喪。

但是，亞歷克斯進入高中以後，他遇到了習於運用社會技能長期介入的一群老師，他們不讓亞歷克斯的行為惹惱他們，相反的，每位老師都跟亞歷克斯談論他的行為對整個班級的影響。他們運用圍圈討論（circles）的方式，讓學生在班上有發聲、討論學習環境的機會。（最初幾個月，亞歷克斯的擾亂行為頻繁，他對班上其他同學的影響成為圍圈討論的一個主題，但他們也討論了其他許多議題。）亞歷克斯的老師還引導學生閱讀一些選文，其中的人物面臨諸如霸凌和同學愛搗亂等等的問題。他們設立明確的期望，並提供學生機會去練習達到這些期望，包括控制說話的音量、約定進入教室的方式，以及分心時應該做什麼等等。

到了九年級中期，亞歷克斯已經不再是整個年級的主要關注對象了。在被問及這種變化時，亞歷克斯說：「是，我還是會被老師注意，只是方式不同了。而且我有點喜歡這裡的老師，所以我不想讓他們的工作變得更困難。」到了十年級，亞歷克斯穩定的在課堂上專心聽講，並且參與投入學習，儘管還是會有一些日子不好過。當他的女朋友和他分手時，他在課堂上的行為變得讓人無法接受，但他的英語老師沒有問：「這個孩子有什麼問題？」而是問：「發生了什麼事，讓這個孩子出現這樣的行為？」亞歷克斯讓老師知道他的心碎經歷，他們一起討論和擬定了一些計畫。

等到亞歷克斯進入十一年級時，沒有人能相信他曾經有過問題行為、擾亂和不尊重他人的表現。他擁有朋友，而且有一份熱愛的兼職工作，還加入了警察預備隊的課程計畫，他說：「這是我可以回報大家的方式。」亞歷克斯的媽媽注意到他在家裡的行為也發生了改變：「他以前經常爭吵，和妹妹打架。現在他好相處多了。當他去上大學時，我會非常想念他。」

這個故事的寓意是什麼？只是因為某個影響變項的效果量低於 .40，並不代表這個方法或策略不值得關注。

⬭ SEL 和社會公平

社會情緒學習不只是培養彼此友好、在班上協同合作和積極參與公民事務的孩子，它也與社會公平議題有關，這是非常重要、必須強調的一點。

缺乏應對複雜社會環境所需的溝通和調節能力的學生，容易成為受害者或加害者（有時是兩者兼而有之）。這些學生常常被邊緣化，處於學校和社區生活的邊緣，忍受著憐憫、羞恥、屈辱和懲罰。對學校來說，實施培養學生社會與情緒技能的系統至關重要，好讓學生將這些技能帶著走，在他們的每一天、在放學後回到家裡以及往後的生活中，都能夠練習和應用這些技能。

我們聽過有人喃喃抱怨說：教育者無法控制的因素是造成一些學生行為偏差的原因。的確，貧窮和匱乏、忽視和虐待都會影響孩子的學習能力，但我們無能消除這些因素，不能成為我們毫無作為的藉口。我們可以認清這些因素的真實情況，**同時**積極努力來對抗它們的影響力。我們也聽過一些人的擔憂，他們說這本書裡提到的一些技能，並未反映孩子的家庭和社區環境的價值觀，他們公開質疑，身為教育者，他們是否有權要求學生學習那些學生家裡可能不重視的東西。

這裡有一個具體案例。我們服務的學校裡，有一名國中生打開教室的門，大喊一個帶有種族侮辱意味的稱號。當老師質問他的時候，他辯稱他們家是可以使用那個語詞的。為了回應這起事件，我們做了很多事，包括和學生的父母開了一次會，跟他所尊敬的一位非裔美國校內員工、質問他的老師和其他同學進行了幾次修復式會談。但在這起事件發生後，和這名

學生進行的第一次對話是這樣的：你有能力可以根據不同的情境場合，表現出不同的行為。舉例來說，一個人在做禮拜的宗教場所展現的行為，和他在體育賽事裡的行為是完全不同的。像你這樣的十一歲男孩，完全有能力分辨家裡和學校之間的差別，就這樣。

一所學校能夠成功地將社會情緒學習融入學科學習、學校政策和處理程序，並非偶然達成的。學校的領導者、教職員工和家庭共同合作，帶著目標和企圖心創造出這些情境。所有的利害關係人共同面對潛伏在表面下的麻煩問題，並且積極主動的回應，將 SEL 融入學科內容和社交情境當中。只有當學校裡的成人自身具備 SEL 能力時，才能夠進行這項工作，並應對隨之而來的許多挑戰。

◐ 融入式社會情緒學習架構

再次強調，如果我們希望學生學習，如果我們願意付出所有努力來幫助他們學習，如果我們相信適切的學習目標不應該只限於核心學科內容的精熟，那麼我們就必須審慎的規劃設計，刻意的讓 SEL 存在教室裡。

關於特定的 SEL 課程計畫和出版商課程教材的優點，從過去到現在一直持續有許多重要的對話討論，但我們在本書的意圖是要探討一個超越特定課程的議題。我們相信，關於 SEL，要提問的最重要問題並不是該使用哪個課程，而是教師要如何將 SEL 的理念原則融入到他們課堂教學的脈絡結構當中。

我們融入社會情緒學習的方法，聚焦在第一層級（Tier 1）的實施，讓它成為每位學生每天所接受的核心學科教學和年級課程經驗的一部分。是的，總是有一些學生需要更大量密集的介入處理，包括那些經歷創傷、有嚴重障礙或心理健康問題的學生。這些學生需要適當的介入和專業人士的幫助，通常是透過第二層級（Tier 2）和第三層級（Tier 3）的支持協助。

在本書裡，我們提供教室示例、工具和策略，讓你（或跟你合作的教師）可以有意識地運用來引導學生的社會與情緒發展。我們提出理由說明將 SEL 融入學科學習主流是基本必要的，更進一步，我們試圖打破某些學校採用的切割式 SEL 方法——一週一次、獨立分開的課堂，缺乏後續跟進的做法。無論是使用出版商的課程教材或自主開發的資源，你都需要善用學科學習提供的許多機會，實踐融入式 SEL 的方法。我們也會探討為了開始和維持有意義的 SEL 作為，學校端必須做出的決策。

我們將 SEL 大傘底下的「大概念」（big ideas）分為五大範疇（參見圖表 1.1），在後面的章節中，我們將依序討論這些範疇，並進行更完整透澈的探討。

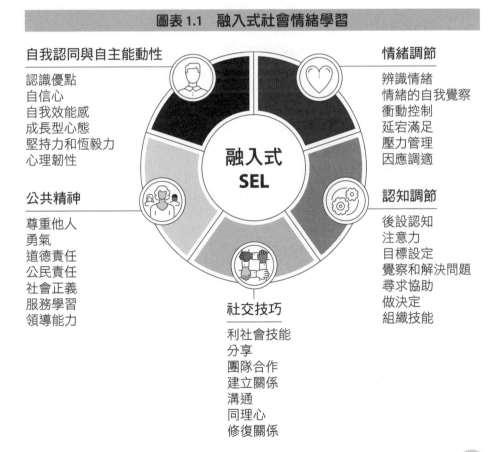

圖表 1.1　融入式社會情緒學習

自我認同與自主能動性

認識優點
自信心
自我效能感
成長型心態
堅持力和恆毅力
心理韌性

情緒調節

辨識情緒
情緒的自我覺察
衝動控制
延宕滿足
壓力管理
因應調適

融入式 SEL

公共精神

尊重他人
勇氣
道德責任
公民責任
社會正義
服務學習
領導能力

認知調節

後設認知
注意力
目標設定
覺察和解決問題
尋求協助
做決定
組織技能

社交技巧

利社會技能
分享
團隊合作
建立關係
溝通
同理心
修復關係

自我認同與自主能動性（Identity and Agency）

兒童和青少年自我認同感的形塑，會受到多種因素的影響，包括校內和校外的各種經驗。而他們的**自主能動性**，也就是他們相信自己能夠影響周遭世界的能力，實質上乃是受制於他們的自我認同。影響年輕人的自我認同與自主能動性的因素包括：

- 對自身優點的認知。
- 嘗試新事物的自信心。
- 自我效能感，或對自己的相信。
- 由堅持力和恆毅力推動的成長型心態。
- 從挫敗中彈回（bounce back）、復原的心理韌性。

情緒調節（Emotional Regulation）

學生能否好好調節他們的情緒，這會影響周遭大人和同儕對於他們的評斷。難以有效調節情緒的學生可能難以和他人建立與維持健康的關係。對情緒調節有正面影響的技能包括：

- 能夠辨識和描述情緒。
- 準確覺察自己的情緒狀態，作為辨識他人情緒的第一步。
- 學習控制衝動和延遲滿足。
- 辨識和管理壓力感受。
- 使用適應性應對技能。

認知調節（Cognitive Regulation）

學習並非被動的。獲取知識和技能需要學生養成某些習慣和傾向。SEL 的這個範疇，跟我們每天進行的學科指導最密切相關，包括建立學生在這些領域的技能：

- 後設認知。
- 維持注意力。
- 目標設定和監控。
- 覺察和解決問題。
- 做決定。
- 尋求協助。
- 建立和維持條理組織。

社交技巧（Social Skills）

優質的人際關係是校內校外有效互動的基礎，因為它們能促進有建設性、積極正向的協同合作。學生需要具備建立、維持和修復關係的工具，而這需要成人的大量指導。具體而言，學生需要被教導並且有機會練習這些技能：

- 利社會的技能，像是分享和團隊合作。
- 建立關係。
- 有效溝通。
- 發展和表達同理心。
- 修復關係。

公共精神（Public Spirit）

融入式 SEL 模式的最後這個面向是民主生活方式的基礎，對於創造和維護一個重視且公平對待所有人的社會結構至關重要。我們在人們對社區群體的貢獻和服務方式上，看到體現公共精神的證據。有助於培養學生公共精神的重要概念包括：

- 尊重他人。

- 有勇氣。
- 了解自己的道德責任。
- 意識到自己的公民責任。
- 透過社會正義工作,追求他人生活的實質改善。
- 服務學習。
- 領導能力。

○ 要點總結

　　所有的學習都是社會情緒學習,而且,探討處理我們 SEL 模式裡的技能一直是教育者工作的一部分,只不過經常是無意識的進行,是學校潛在課程的一部分。教師的行為方式、我們說的話、表達的價值觀、選用的教材以及優先強調的技能,都會影響到我們教室裡的兒童和青少年如何思考、如何看待自己、如何與他人互動,以及如何在世上堅持和表現自己。他們的社會與情緒發展實在太重要了,不能只是一個附加或點綴型的學習,也不能任由它隨機、偶然地發展。

　　我們呼籲教師和學校領導者慎重地支持每個孩子的成長,不僅是學科方面,還有社會與情緒方面的成長。與學生的家庭和社區一起合作,我們可以讓他們具備能力去實現自己的理想抱負,以正向的方式對我們的社會做出貢獻。還有什麼比這更有價值的呢?

Chapter 2

自我認同與
自主能動性

認識優點｜自信心｜
自我效能感｜成長型心態｜
堅持力和恆毅力｜心理韌性

　　瑟娜妲（Senaida）有一個數學問題要解決——一個充滿了各種文字、數字和符號的大問題。她之前遇過這種情況。她的老師羅蘭多·克魯茲（Rolando Cruz）常常運用豐富多元的數學作業來激發學生投入複雜的思考，他認為，培養學生堅持不懈去解決一項作業的能力是很重要的，因為這有助於增強他們的自主動感。他也希望每位學生能夠發展自己身為學習者的自我效能感。如果其他課堂也能強化這方面的能力，學生就能發展出對他們很有用的生活技能。

　　瑟娜妲花了一些時間，看著面前這個很有挑戰的問題。她把紙翻過來，正面朝下放在桌子上，閉上眼睛，深吸一口氣。睜開眼睛以後，她再把紙翻面，重新閱讀問題。就像克魯茲老師班上的其他學生一樣，她學會了放聲思考（think aloud），好讓同學和老師可以在她需要時提供協助。瑟娜妲輕聲說：「讀這個問題的時候，我覺得很有壓力，我感覺到自己漸漸焦慮起來，我想我沒有辦法弄懂它。」她停頓幾秒鐘，再次深吸一口氣。「然後，我想，我一定會失敗。然後我想到我會很丟臉……還有我媽媽會對我失望。」

　　安東尼（Anthony）聽到她說的話，靠過來對她說：「暫時把它藏在

你的課本下面，試著用圖像想像一下，這項作業要求你做什麼，想一想這個問題在問什麼。」

瑟娜妲照他的建議做了。她把紙藏在數學課本下面，再次閉上眼睛。她把食指放在太陽穴上，克魯茲老師教他們做出這個動作信號，表示自己正在深入思考，並告訴老師現在還不需要立刻提供幫助。

當瑟娜妲睜開眼睛時，她說：「我想我需要先弄清楚周長。如果我知道周長，就可以算出走道的長度，然後再算出游泳池需要多少空間。」她從課本下面拿出紙張，再讀了一遍作業的內容。這次，她用筆在文本上畫底線和圈出某些字句，並在旁邊寫了一些註記，包括她的想法。然後，她畫了一個模型並開始標註各個部分。經過幾分鐘的努力，瑟娜妲抬頭對安東尼說：「謝謝你，我就是需要你的那句提醒，提醒我想一想我知道的和可以做的事情。」

一個人的自我認同和自主能動感是他（她）情緒生活的基礎。身為人類，我們如何看待自己，以及我們對自己有能力對周遭世界採取行動的信念，影響著我們生命裡醒著的每一刻。

自主能動性和自我認同可能相對穩定或不穩定，情況、環境，以及（就像瑟娜妲發覺的）我們周圍的人和面臨的挑戰，都會對之產生正面和負面的影響。學生的自我認同和自主能動性也會受到教育者的言語和行為（無論是否故意）的影響。身為教育者，留心注意學生自我認同和自主能動性的發展是很有助益的，因為這是學生學習和成就的基礎。一個缺乏自信的孩子不太可能做智識上的冒險嘗試；自主能動感低落的學生不知道他們可以做些什麼來改變自己的學習軌道。投注心力幫助每個學生發展自我認同和自主能動性，會在學科學習和學生成就上得到回報。

⬤ 自我認同和自主能動性的定義

我們每個人都擁有一個自我概念和一組關於自己是否有能力對世界採取行動的信念。**自我認同**（identity）是對於我們是誰的了解——我們的特質、與他人相比我們如何看待自己的方式、我們自認擁有的天賦才能，以及對自己的缺點短處的覺知。它是我們告訴世界和自己關於我是誰的敘事。**自主能動性**（agency）描述的是我們以自主掌控的方式行動的能力，對自主能動性的信念影響著我們的信心，在面對負面事件時也會對我們的心理韌性產生影響。固定和流動的結構，例如性別、種族、性傾向、經驗、文化和社會經濟地位，都會影響自我認同和自主能動性。

正如前面所述，自我認同並非靜態不變，而是在一生中不斷被塑造和重新定義的。經驗會對個人的自我認同產生深遠的影響，正如我們告訴自己的關於我們經驗的故事也會產生影響。想想語言的改變可能如何改變那些經歷創傷的人看待發生事件的方式：他們是虐待的**受害者**，還是虐待的**倖存者**？透過與他人的互動，可以進一步了解自我認同。我們運用別人舉給我們看的鏡子來建構對自我的概念；我們觀察他人對我們的反應，聆聽他們用來描述我們的語言；家人和同儕也會影響自我認同的形成，學校裡的經驗也有影響。

教師的言語和行為對學生如何形成自我認同有極大的影響力。Johnston（2004）指出：「教師的評語可以給予學生正向、有建設性的自我認同，並且推動他們往這個方向發展。」（p. 23）我們也可能負面影響孩子的自我認同，即使是無意之間造成的。我們曾經觀察一位一年級教師示範一個線上閱讀練習系統給學生看——這個系統會評量學生的閱讀精熟度，然後根據目前的表現水準（以字母順序作為讀者分級）為學生分配閱讀任務。這樣的課程系統提供學生分級閱讀練習的機會。然而，在向學生示範如何完成任務的時候，教師登錄了班上閱讀水準最低的學生的帳號，

這個小女孩的閱讀水準，連同她的名字一起投影在螢幕上，顯示她是 B 級。班上其他學生開始竊竊私語：「她真的是 B 級嗎？」、「那真的很低，我已經是 M 級，所以 B 級真的很差。」後續好幾個星期，這個閱讀分數被展示出來的孩子拒絕再登入這個系統進行閱讀練習。很不幸，這位教師的行為已經引發了一種新的自我認同──「我是一個差勁的閱讀者，而且每個人都知道了」──並且傷害了這個孩子和同學之間的關係。

自主能動性必然與自我認同緊緊綁在一起，因為它說的是一個人採取行動和塑造自己命運的能力。就像自我認同一樣，自主能動感也是社會構建的，一個年輕人的家庭、朋友、學校和社區等社會網絡──所謂的**社會資本**（social capital）──會影響他的自主能動感。擁有強大社會資本的學生會建立一種自主感，因為他們的人際關係網絡能夠讓他們在情緒和心理上感覺安全，這有助於他們在教室中感到相當自在，願意冒值得的風險和嘗試新事物，例如逐步解決問題和測試解決方案。但是社會資本薄弱的學生就比較沒有安全感，因為感到孤單和無人庇護，他們可能會採取投機冒險的行為（例如猜測），或者在應該採取行動的時候卻沒有行動。自主能動感有限的學生會表現出來，他們可能無法行動、感到憤怒、怪罪他人，甚至情緒失控。好消息是教師可以為學生指出一條採取行動並獲致成果的道路，從而引導他們逐漸增強自主能動感。

讓我們來看看德魯（Drew）這位九年級的學生，他的學科能力尚未達到同班同學的程度，而且已經習慣拿自己與別人做負面的比較。他不覺得自己聰明、能幹，所以課堂上面臨挑戰時，他總是很容易就放棄了。這種行為是會讓某些老師認為德魯「懶惰又缺乏動機」的一種跡象，而這正是八年級英語老師在他的成績單上寫的評語。但當德魯轉到一所新學校時，情況改變了，因為這所學校將社會情緒學習融入課堂中，而且學校裡有像盧茲・艾維拉（Luz Avila）這樣認真看待這句負面評語的教師。

艾維拉老師教英語。當德魯讀了她發放的寫作提示（其重點放在喬

治‧歐威爾的《動物農莊》前幾章），他馬上把頭埋在桌子上。艾維拉老師注意到這個反應，走過去關心德魯，他很誠實：「這真的太難了。」他輕聲說：「我正在閱讀這本書，感覺還好，但我不知道『矛盾』（contradiction）是什麼，甚至不知道那個詞是什麼意思。我不知道歐威爾想要表達什麼，我也不想做這個作業。我只會失敗，我一直都是這樣。」

艾維拉老師知道，對於苦苦掙扎於自我認同和自主能動性的學生來說，具有挑戰性的任務可能是引發負面反應的導火線，所以她的回應是開始和德魯進行友善的對話，並且問了他幾個關於文本的問題：

- 在第一章和第六章之間，動物們有哪些改變？
- 拿破崙（Napoleon）如何變得更有權力？
- 拿破崙為什麼對其他動物說，斯諾鮑（Snowball）是破壞風車的罪魁禍首？
- 拿破崙為什麼叫狗保護他？

德魯對這些問題都能提出答案，甚至看起來也很享受這場對話。艾維拉老師指出：「根據我所聽到的，你對這本書很了解，而且關於獨裁者是怎麼發展出來的那些想法真的很有趣。就像你說的，它是慢慢發生的，而且越來越多的動物必須去拿破崙那裡尋求答案。」她建議德魯應用這些知識來回應寫作提示。「如果我們一起來拆解這份提示，弄清楚寫作任務的內容，這會對你有幫助嗎？」她問道。在那一刻，艾維拉老師從支持德魯的學科學習，轉變成支持德魯的學科**和**情緒學習。

德魯坦承，他真正想知道的是「矛盾」這個詞的意思。「我想，當我讀到那個詞的時候，我卡住了，不知道它的意思讓我覺得我一定會失敗。」

是的，這是真的。一個小小的細節，例如寫作提示裡的一個語詞的意思，都有可能讓自主能動感有限的學生在學習的軌道上停下來。但是，與

像德魯這樣的學生談話，並且仔細聆聽，找出他們的自主能動性受到威脅的時刻，這可以幫助你指導他們找到重新啟動的方法。

◑ 認識優點

目前很少證據支持學習偏好或學習風格量表是有用的（Peterson & Meissel, 2015），也沒有證據顯示詢問學生是動覺型（kinesthetic）或聽覺型學習者就能幫助你更好的教導他們，或者，當教學方式對應那些學習風格時，他們就可能學得更多知識。那麼，我們建議你要幫助學生認識自己的優點，到底是什麼意思？

這是我們喜歡給學生做的一個簡單測試。首先，我們要求他們想某個學科，等他們想好以後，我們問：「在這個學科的哪些部分，你覺得自己真的糟透了？」（有時我們會用比較含蓄的方式問他們哪裡「表現不佳」。）我們從來沒遇過哪個學生列不出長長一大串困難和失敗的地方。接著我們問：「在同一個學科裡，你有什麼優點？」相較而言，我們得到的回應少了很多。很多時候，學生只是一臉茫然，答不出來。

四年級學生亞隆（Aaron）就是眾多例子之一。亞隆能夠提出一長串他在數學領域表現不佳的項目清單，開頭是「我數學不好，我記不住乘法表，分數也不太行，我常常算錯。我爸爸很失望。」當我們問亞隆他數學方面的優點時，他聳聳肩：「就像我說的，我數學不好。但是我很會玩Minecraft（當個創世神）。」

學生能夠如此輕易指出自己的缺點或失敗之處，應該不讓人意外。身為教師（以及家長，坦白說），我們傾向於關注弱點、學習的落差和欠缺不足之處，我們觀察、尋找的是需要我們介入、幫助的地方。而且，由於我們希望學生了解失敗是學習的機會，所以我們總是挑出錯誤，用以引導他們邁向新的學習。但是，為了支持正向的自我認同發展和自主能動性，

我們也應該強調學生的優點以及他們展現給我們看到的各種精熟學習的證據。

要做到這點，其中一種方式是運用回饋。Hattie 和 Timperley（2007）在分析回饋時指出，教師（以及家長和同儕）可以運用四種類型的回饋：

- **糾正式回饋**（corrective feedback），是關於任務本身的回饋（亦即，回答的正確性）。這種回饋對於幫助學生認識自己的優點並不是非常有效，原因應該很明顯。
- **關於任務處理的回饋**（feedback about the processing of the task），焦點放在學生處理任務的方式。這種回饋是用來幫助學生認識自己的優點的好選擇，例如努力程度、策略選擇、專注焦點、堅持毅力和進步。處理學生自我認同相關的問題，通常是在學生說「我就是不擅長這個」的時候，這種回饋也是很有效的方式。
- **關於自我調節的回饋**（feedback about self-regulation），焦點放在學生面對某個特定情境時管理情緒和行為的能力。這種回饋是幫助學生認識自己優點的另一個好選擇，運用這種回饋來肯定他們的行動、選擇和回應，可以增強學生的自主能動感。
- **關於個人的回饋**（feedback about the person），焦點放在對於學生個人人格特質的稱讚。這種回饋很少有效，尤其是模糊的稱讚，像「你總是做得很好」或「你真聰明」。雖然我們不想給稱讚潑冷水，但稱讚不應該跟回饋混為一談。與回饋不同，稱讚並不能給予學生下一步要做什麼的方向，也無法提供有關學生做的事情為什麼成功的資訊。

請注意，這四種類型的回饋都可以且應該運用在學科學習上。我們在這裡想要強調的是，如何在對的情境下運用這些回饋，是將社會情緒技能發展融入你現有教學的一種方式。圖表 2.1 提供了這四種回饋類型的例

子，並針對你想要處理社會情緒技能和學科內容精熟度的情境，簡要歸納它們的效用。

圖表 2.1　回饋類型及其效用

回饋類型	例子	效用
關於任務本身（糾正式回饋）	「你要坐在你的座位上，並且把書準備好。」 「對，你要和你的夥伴分享那個。」	在處理學科內容學習的錯誤上是有效的，但是當學生欠缺知識或技能時就無效。在行為的糾正上是無效的。
關於任務處理	「我觀察到你花了十二分鐘專注的處理這個任務，沒有放棄或分心。」 「在你練習應用積極聆聽的策略時，有沒有注意到你多學了很多東西？」	非常有效，因為它明白指出學生正在使用或應該使用的認知和後設認知策略。
關於自我調節	「我看到你對小組很失望，但是你給了他們回饋意見，而且這好像有用，讓每個人重回正軌。」 「在科學實驗室裡，你很興奮地提出想法，我看到你有稍微忍住，好讓組員也分享想法。雖然你理解得比其他人快很多，但你沒有主導、控制別人，這也給了他們時間自己慢慢弄懂。」	非常有效，因為它幫助學生自我評量他們的能力、行為和知識。
關於個人	「做得好。」 「你真是個好孩子。」	無效，因為它沒有提供有關任務的具體資訊。

除了回饋之外，還有其他方式可以幫助學生發現自己的優點。例如，在珍妮佛‧赫雷拉（Jennifer Herrera）的一年級教室裡，她讓學生輪流擔任各種不同的教室職務，例如材料管理員、小組長、科技支援、午餐打菜等等。在學生輪值三週後，她與學生會談，指出他們工作表現上特別出色的方面。正如赫雷拉老師告訴我們的：「我希望他們知道自己有確實做得很好的事情，也有需要努力改進的事情。我讓他們在職務上工作幾個星期，以確保他們真正理解那個角色。但我也希望幫助他們將來能夠為自己適合的工作職務倡議、發聲。」

麥可‧佩雷斯（Michael Perez）也努力幫助他的學生找出自己的優點。在他的六年級班上，針對每項重要的作業，他都會創造一份優點檢核表（從他的二十項主要優點清單中挑選出來），讓學生可以在他們學習的過程中練習或展現出來。例如，在「古代中國對世界的貢獻」這個學習單元，他列出以下自我評估的陳述句：

- 我可以在不告訴同學答案的情況下幫助他們。
- 我可以有效地總結歸納閱讀文本的內容。
- 我可以記錄和掌握時間，確保我的小組完成任務。
- 我可以用有力的方式來說明想法和概念。
- 我可以遵循指令，並且向他人解釋指令。
- 我可以確保小組裡的每一個人都有發言的機會。

請注意這些陳述句的設計如何有助於學生建立自我認同感，具體明確的強化他們的自主能動性。佩雷斯老師還要求學生找出一個他們想要發展的優點領域，並與每個學生個別討論、擬定這方面的成長計畫。他運用這些成功標準的方式，不僅為學生提供學科學習的目標，也讓學生養成能力去追求和達成這些目標。

九年級英語教師李俊（Joon Yi）設計的單元評量，在最後包含了一

張空白頁，上頭的標題是：「以下是我在這個單元學到，但你在試題中沒問到的其他東西」。他的學生可以自由選擇加上任何與這個單元有關的內容，並且有機會獲得計入考試成績的額外分數。「我常常驚訝的發現學生的深度理解，以及與其他概念之間建立的複雜連結關係。」他這樣告訴我們。李老師的學生藉由展現他們對學科內容的精熟掌握而受益獲得額外的加分，而李老師則是利用學生提供的素材，年年不斷改進評量方法。他相信，是學生的真知灼見使他成為更好的老師。

○ 自信

詩人康明斯（e. e. cummings）有一句被廣泛引用的名言：「一旦我們相信自己，我們就能冒險追尋好奇心、驚奇感、自發的喜悅，或任何展現人類精神的體驗。」如果學生要真正投入學習，就需要相信自己；相應的，教師需要幫助學生建立自信心。

寫到這裡，我們想到有一些學生看起來似乎自信滿滿——像艾哈邁德（Ahmed）這位高三學生。有些人認為艾哈邁德自大又傲慢，而有些人則是排斥他，因為他一直向他們吹噓他的種種成就。事實真相是，艾哈邁德對自己的能力過於自信，這對他的學習造成了一些令人擔憂的影響。他輕視別人的知識，包括教師的見解。他花在學習上的時間比同學少，而且學習的動機似乎也比較低。艾哈邁德過度自信的後果，印證了 Dunlosky 和 Rawson（2012）的研究結果，這兩位研究者指出，過度自信的學生不願意開放心胸接受他人的想法，因此成就的水準比較低。

相對的，缺乏自信的學生懷疑自己是否擁有足夠的內在資源（例如能力和毅力），也會質疑外部資源（例如教師指導）在完成任務的時候是否有效（Stirin, Ganzach, Pazy, & Eden, 2012）。

自信通常表現在外在行為當中（參見圖表 2.2）。真正自信的人不覺

圖表 2.2　自信的行為

自信的行為	較無自信的行為
做你認為對的事，不管別人會因此取笑你或批評你。	總是按照某些特定的方式來行事，因為你擔心別人會怎麼想。
願意冒合理的風險，並且投入心力去獲得更好的東西。	停留在你的舒適圈裡，害怕失敗，並且迴避冒險。
承認你的錯誤，並從錯誤中學習。	努力掩飾錯誤，並且希望在別人發現之前，你就可以修補問題。
等待別人來恭賀你的成就。	盡你所能更頻繁地、對更多人說你的成就。
優雅地接受讚美（「謝謝，我真的很努力寫那篇文章，很高興你肯定我付出的心血。」）	隨便地駁回讚美（「哦，那篇文章沒什麼，真的；任何人都能寫的。」）

資料來源：經授權同意改寫自 *Building Self-Confidence: Preparing Yourself for Success!* by MindTools; retrieved from https://www.mindtools.com/selfconf.html

得有需要向別人炫耀他們的成就，他們也能坦然承認錯誤，因為他們知道錯誤是學習的經驗。有自信的人接受讚美，不輕視他們得到的肯定，並且準確地認知到有哪些內在和外在資源可以幫助他們達成目標。

　　自信與心理韌性（resiliency）是相關聯的，它本身是應對情緒虐待、壓力和創傷的一個自我保護因素（Ungar, 2008）。身為國家第一代公民的兒童和青少年（即父母為移民，他們出生在入籍國），也是依靠自信來引導他們順利度過家庭和學校跨文化衝擊的領域（Ungar et al., 2007）。

　　值得思考的一個問題是自信從何而來。有時自信是因個人而異，但自信也**因領域而異**（domain-specific），意思是自信會因任務而有變化。虛假的讚美——亦即，超過成就水準的讚美——無法建立起那種能讓學習蓬勃發展的自信。相反的，有效的教師回饋（參見圖表 2.1）和適當組織安

排的學習任務，例如一系列的微觀技巧課（micro-skill lesson）（Macgowan & Wong, 2017），可以幫助學生根據自己的內在和外在資源來準確調節他們的自信程度。有研究證據顯示，支持的同儕也會導致更高的自信心（Lee, Ybarra, Gonzalez, & Ellsworth, 2018）。

Maclellan（2014）在回顧教師培養學生自信心的行為的相關研究文獻後，建議教師做以下的事情：

- 透過設計能夠提升自我概念與促進知識發展的社會學習活動，鼓勵學生參與投入學習。
- 規劃活動，讓學生在活動中必須解釋他們的推論思考過程，以及辯論他們提出的主張和依據的證據。
- 在每一節課裡融入自我調節和後設認知活動（參見第四章）。
- 與學生進行對話式回饋。（p. 68）

艾朗・拉莫斯（Elan Ramos）老師將愛蓮娜・羅斯福（Eleanor Roosevelt）的一句名言裱框掛在教室牆上：「沒有你的同意，沒有人能讓你感到卑微。」（No one can make you feel inferior without your consent.）在學生進行複雜任務或互相提供回饋之前，拉莫斯老師常常提及這句名言。他也習慣性地將焦點放在自信，使它成為課程的一部分。例如，我們觀察到一次課堂討論中，他邀請學生談談如何在做報告時保持專注和冷靜。他告訴他們：「公開演說需要一些我們並不是每天都會用到的技能。我們可以怎麼做以保持冷靜和自信？讓我們一起來列出方法清單。」這是有意識地直接針對「自信是有助於學生成功的一個因素」這個議題進行的討論。拉莫斯老師班上的學生繼續找出當他們感覺自信受損時可以使用的策略。

在將 SEL 融入日常教學的努力作為中，必須密切關注學生的自信程度，注意你使用的語言（以免無意間損傷了任何人的自信），並（像拉莫

斯老師一樣）為學生提供他們可以用來建立和保持信心的策略。

○ 自我效能感

自我效能感（self-efficacy）是一種衡量「個人有多相信自己採取行動（自主能動性）、完成任務和實現目標的能力」的指標（Bandura, 2001）。它會影響一個人的自信心，反之，也會受到一個人擁有多少技能的影響。要了解自我效能感對學習的影響，存在一個挑戰：它類似一條「雙向道」，也就是 Talsma、Schüz、Schwarzer 和 Norris（2018）所說的「雞生蛋—蛋生雞」的難題：「我相信，故我成功。我成功，故我相信」（p. 137）。第二個構念是表現形塑信念，在教室裡，可以運用**精熟學習**（為學習而學習）和個人目標設定（參見第四章）來強化這個想法。精熟導向的學習會減少與他人進行社會比較的需要，以增強自信心。

教師如何能影響學生對自己的信念，以提升學習和實現目標？慮及自我效能感的一個重要因素是相信這個任務在你的能力範圍之內，而朝這種信念前進的一步是看到某一個人——特別是某個很像你的人——成功地完成任務。因此，剪輯學生們執行各種任務的短片，並且強調成功的關鍵之鑰，可以非常有效地幫助學生在短期內完成任務，以及長期培養出自我效能感。舉例來說，三年級教師可以藉由分享去年班級學生針對自己的進步和現在能做到的事情所寫或錄下來的反思札記，幫助今年班上的學生建立他們能夠精熟乘法的信心。物理教師可以在物理實驗室的牆壁上，貼出學生團隊一步一步、有創意又反覆嘗試的建造出太陽能發電迷你車的照片。

你也可以運用文學作品來建立自我效能感，選擇一些帶有相信自己的訊息的書籍，像 *Amazing Grace*（Hoffman, 1991；中文版《了不起的你》，小魯文化出版，適合國小學生）和 *Giraffes Can't Dance*（Andreae, 2012；中文版《長頸鹿不會跳舞》，五南出版，適合學齡前兒童）這樣的書籍，

描繪出主角拒絕接受別人對於他們能做什麼、不能做什麼的想法。年紀較大的學生可以從像 *The Skin I'm In*（Flake, 2007）這樣的書中看到自我效能感的展現，這本小說描述了女主角如何對抗霸凌和種族主義，找到自己的聲音。

同樣的，教師注意自己語言的運用，也可以幫助學生建立自我效能感。「就是『還沒』（yet）的力量。」高中數學教師芙莉達·戈梅茲（Frida Gomez）解釋道，並指出她的課堂上許多概念都很挑戰學生的智力。「進來我班上的某些學生，在數學方面的自我效能感是很低的。當我聽到他們說自己做不到某件事的時候，我總是告訴他們：『你真正要說的是你還沒有辦法做到，這就是為什麼你需要我的原因。』」

◐ 成長型心態

就最基本層面來看，**心態**（mindset）是指一個人對於一項任務所抱持的態度。舉例來說，對於運動我們都有自己的心態。對某些人來說，運動是必要之惡；對其他人而言，它是生活中不可或缺的一部分；而對另外一些人來說，則是要不計一切代價避免的事情。我們的行動根植於我們的心態。對於那些認為運動是必要之惡的人來說，鍛鍊身體並不會帶來太多樂趣，但他們仍然會去做這件事。對於那些認為運動不可或缺的人來說，鍛鍊身體是有時間規劃並且樂在其中的。而抱持「運動是必不可少的」心態的人，也比較有可能談論他們運動鍛鍊的目標和成就。

在教室裡，心態是指面對學習任務時，展現出來的自我認同、自主能動性和自我效能感。卡蘿·杜維克（Carol Dweck）2006 年出版的暢銷書 *Mindset*（中文版《心態致勝》，天下文化出版），向諸多教育者介紹了**固定型心態**和**成長型心態**的概念。根據杜維克的說法，固定型心態的人認為他們的基本素質，包括智力和天賦才能，是不會改變也不可改變的特質。

他們相信成功是單靠天賦才能創造出來的，忽視精熟新事物所需付出的努力。對他們而言，不是「成功」就是「不成功」——而當他們不成功時（無論是做什麼事），他們就會放棄。固定型心態的人帶著懷疑和問題面對各種情境，比如：「我會成功或失敗？我看起來聰明或笨拙？我將被認可或否定？我感覺起來像個贏家或輸家？」（Dweck, 2006, p. 6）這些自我懷疑的問題和自信糾結在一起，根源於社會比較。

另一方面，成長型心態的人相信他們的基本能力可以透過專注努力、獻身投入和勤奮工作來發展（參見圖表 2.3）。他們堅持不懈，將失敗視為暫時的、要去克服的東西，而不是他們的智力或才能的反映。正如杜維克所說的：「自我挑戰並堅持下去的熱情，縱使（或尤其是）在不順利時，仍有恆心堅持下去，這就是成長型心態的正字標記。使得人們在人生最艱難挑戰的一些時刻仍然堅毅、茁壯的，正是這種心態。」（2006, p. 7）。

然而，它並不是那麼簡單的二分法，可以簡單的說安琪兒、阿里亞娜和卡洛斯有固定型心態，而安德魯、赫克托和查斯蒂有成長型心態。事實上，我們所有人——包括所有學生在內——都同時具有固定型心態和成長型心態的元素。心態會根據學科領域、主題、經驗、過去的成功以及環境因素而改變，例如，對於閱讀，你可能大致上是持有成長導向的心態，但一本你很難理解的書可能會引發固定型心態。心態並非全然是固定型或成長型的。

有新興的研究證據表明，對許多學生而言，一般的心態介入措施並不特別有效。Sisk、Burgoyne、Sun、Butler 和 Macnamara（2018）執行了兩個後設分析研究，其中第一個包含 273 個心態相關的研究，研究對象超過 365,000 名兒童、青少年和成人。他們發現學習者的心態與學業成就之間存在微弱的關聯性。第二個心態介入措施的後設分析研究規模較小（包含 43 個研究，57,000 名參與者）。再一次，他們的結論是效果量很小（$d = .08$），表示影響力很有限（參見第一章關於效果量的討論）。然而，最重

圖表 2.3 固定型和成長型心態

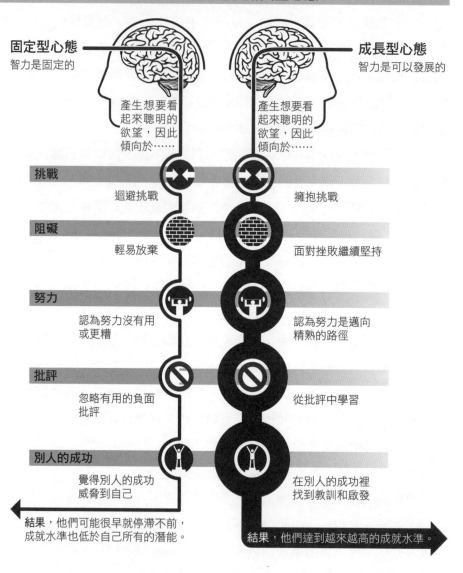

固定型心態
智力是固定的

成長型心態
智力是可以發展的

產生想要看起來聰明的欲望,因此傾向於……

產生想要看起來聰明的欲望,因此傾向於……

挑戰
迴避挑戰

擁抱挑戰

阻礙
輕易放棄

面對挫敗繼續堅持

努力
認為努力沒有用或更糟

認為努力是邁向精熟的路徑

批評
忽略有用的負面批評

從批評中學習

別人的成功
覺得別人的成功威脅到自己

在別人的成功裡找到教訓和啟發

結果,他們可能很早就停滯不前,成就水準也低於自己所有的潛能。

結果,他們達到越來越高的成就水準。

所有這些都證實了決定論的世界觀。

所有這些都給了他們更強大的自由意志感。

資料來源:經授權同意轉載自 *A Summary of The Two Mindsets and the Power of Believing That You Can Improve* by Carol Dweck. Original graphic by Nigel Holmes. Copyright 2015 by Carol Dweck.

要的發現是，對於先前被認定為學業高風險和生活貧困的學生，心態介入措施有較強一點的正面效果。次要發現是，相較於只要求學生閱讀心態相關文章的被動式介入措施，應用寫作和討論的互動式介入措施更加有效。Sisk 及其同事建議，針對高風險學生的心態介入措施，結合其他社會情緒學習措施一起實施，會有增強效果。然而，單獨實施，而且應用在所有學生（包括那些對某一主題或任務已經具有成長型心態的學生）的狀況下，效果接近於零——在幾項研究中，實際上還產生了不良的效果（Sisk et al., 2018）。

有鑑於這些研究結果，我們建議教師要重新檢視心態介入措施的使用，以更精確地針對處於高失敗風險和生活貧困的學生來實施。此外，心態介入措施應該納入社會情緒學習整體作為的架構範疇之內，教師可以幫助學生辨識導致他們由成長型心態轉向固定型心態的觸發因素，然後找出可以用來讓自己重新專注於學習的策略，藉此支持他們發展成長型心態。

堅持力和恆毅力

堅持力（perseverance）主要被認為是一種內在的構念（construct），說的是堅持面對挑戰的意願。而恆毅力（grit）則是堅持力的外在表現——一個人如何展現他對於一個目標的堅持力，「為了達成目標而放棄許多其他事物，（展現）深度的投入，多年來始終忠誠堅守目標」的能力（Perkins-Gough & Duckworth, 2013, p. 16）。兒童和青少年投注心力追求長期目標時，例如學習樂器、參與運動或取得學科優異表現，依靠的就是堅持力和恆毅力。課程中充滿了各種培養堅持力的機會，想一想，例如，內涵豐富、要求學生長時間思考和解決一個問題的數學任務，可以如何鼓勵學生堅持下去，或像 Bray（2014）所說的「成為一個做難事的行動者」（p. 5）。

不要低估遇見展現相似特質的角色所產生的影響力。在一項對堅持力和角色扮演的研究中（White et al., 2017），研究人員要求四至六歲的孩子參與一項重複式的電腦任務——研究人員認為很無聊的任務。同時，如果孩子們想要休息一下，他們也提供受試者玩另一個電動遊戲——很吸引孩子投入的遊戲——的選項。結果發現，相較於未被要求角色扮演的孩子，那些被要求想像自己是愛探險的朵拉或蝙蝠俠這樣具有堅持力的角色的孩子，堅持完成無聊任務的比率高出了 46%。

　　這有什麼啟示呢？一是學生應該經常在閱讀的文學作品中，遇到那種展現出我們希望學生嘗試或採納的特質的虛構角色和真實人物。三年級老師娜莉・貝爾川（Neli Beltran）在每天「簡短聊書」活動中使用的書籍，裡面都有展現恆毅力的角色。這些聊書活動還附加了一個「為書祝福」的特色，用老師的認可標章蓋在各種不同的書上面，讓書對學生更具吸引力（Marinak & Gambrell, 2016）。貝爾川老師提供書的簡介，並根據學生的興趣來調整她介紹的內容。然後，她把書提供給任何想在聊書之後的獨立閱讀時間閱讀這本書的學生。這些書籍當中，目前最受學生喜愛的包括：由籃球巨星麥可・喬丹的母親和妹妹共同撰寫的 *Salt in His Shoes*（Jordan & Jordan, 2003；中文版《鞋子裡的鹽》，維京出版），以及 *Ada Twist, Scientist*（Beaty, 2016；中文版《我做得到！小科學家艾達》，小天下出版），內容是一個女孩運用科學實驗來回答有關世界的問題。「我喜歡強調這樣的訊息：勤奮的力量和認真敬業的態度，是學習的途徑。」貝爾川老師告訴我們。

　　她補充說，光是個人有堅持力和恆毅力是不夠的，應該運用它們來改善其他人的生活。在聊到 *A Chair for My Mother*（Williams, 1982；中文版《媽媽的紅沙發》，三之三出版）這本書時，她告訴學生當她還是小女孩，在看《閱讀彩虹》（*Reading Rainbow*）節目的時候，第一次知道這本書。書裡講述一個家庭因為家裡失火而失去了所有的財物，小女兒決心努

力存錢為辛苦工作的媽媽買新沙發，這個故事很重要，學生必須知道。「對孩子們來說，最重要的是每個人所做的貢獻。我想要他們知道，他們可以透過堅持力和恆毅力來幫助別人。」

堅持力和恆毅力的另一個面向是找到自己的熱情並用它來推動努力。童軍組織致力於運用榮譽徽章制度來幫助兒童和青少年找到他們的興趣。曾經加入童軍團的人都知道，將象徵成就的徽章掛滿腰帶會帶來多大的激勵動機，但是這類制度的祕訣在於它們鼓勵學生去嘗試那些他們原本可能無法完成的事情。中學英語教師亞德琳・修斯頓（Adrienne Huston）在讀完羅伯特・佛洛斯特（Robert Frost）的詩〈未選之路〉（The Road Not Taken）之後，向學生介紹了一款同名的「未選之路」電動遊戲。這是一款角色扮演解謎遊戲，玩家扮演自己選的角色，必須通過一系列越來越困難的挑戰才能過關。遊戲的目標是探索生命裡不同的道路以及拯救森林裡的小孩子。「這種遊戲裡面的等級制度非常適合鼓勵孩子們接受更難的任務，但真正推動他們前進的似乎是獲得徽章，」她說。「這款遊戲裡，有一些名為『過美好生活』、『好撒瑪利亞人』、『治療師』和『知識大師』的徽章。很多學生都在玩這款遊戲，我們現在甚至成立了一個非正式的課後遊戲社團！」

🔵 心理韌性

心理韌性（resiliency）是克服挑戰的能力。學生自然而然會遇到各種挑戰，從他們認為不會及格的考試到他們目睹或經歷過的創傷。有些挑戰是私人的，有些挑戰則比較公開。具有心理韌性的人能夠從挫折中彈回，而且通常會因此而變得更堅強或更有智慧。當然，我們都希望減少和預防學生所經歷的創傷，讓他們不需要「彈回」，但事實上，學生在生活中仍然會面臨各式各樣的挑戰。

為了了解學生所面臨的情況，Dominique（作者之一）會記錄他早上與學生們的互動。在一天當中，甚至在學校開始上課之前，他遇到這樣的學生：

- 兒童虐待的受害者，生活在寄養家庭裡，擔心被趕出門。
- 面臨食物不足的困境，把學校餐廳的早餐囤留下來。
- 為了昨晚打工時和老闆互動出問題而倍感壓力。
- 為了和女朋友分手在樓梯間哭泣。
- 面對父親或母親去世的傷痛。
- 擔心某個不及格的考試，需要一個學業補救計畫。
- 公車上一名乘客針對他語出種族歧視的言論，因而感到忿忿不平。

而這些只是當天早上決定將心事說出來的學生而已。想像學生在一天當中所面臨的各種挑戰，想像那些他們沒有向我們說出來的困難。想到他們掛在心上的種種事情，他們還能學到任何東西真是很了不起。身為教師，如果我們了解社會情緒學習的價值，並將重點放在建立心理韌性，我們就能夠幫助更多學生學習，並且學得更好。

人類經歷各種挑戰時，會有保護因子出現，有些保護因子是個人的特質。確實，有些人天性樂觀，在每種情況下都會尋找積極正向的一面，但有些人則不然。即使是天性樂觀的人也可能因為重大挑戰而受挫。曾有一位學生他適應力非常好、在校表現優異，先前展現了強大的心理韌性。他經歷過許多生活挫折，但他母親的過世實在是無法承受的打擊。這位原本樂觀積極、表現出色的年輕人陷入了一個可以理解的黑暗境地，他幾乎每天哭泣，也擔心同學看到他哭會有什麼想法。他不管學校的功課，上課時間都在紙上塗鴉。所有學生在某個時候都需要幫助；身為教師，我們永遠不知道學生什麼時候會需要我們所教導的心理韌性技能。

如圖表 2.4 所示的心理韌性測驗，在提出心理韌性的主題、找出其組成要素、發展建立或重建心理韌性的計畫上非常有用（這項工具是專為青少年設計的，針對年紀較小的學生，我們建議使用美國公共電視網 PBS 網站上以動畫角色 Arthur 為主角的工具，請參閱 https://pbskids.org/learn/pdf/ArthurResilienceTGfinal.pdf）。不過，這些測驗本身或做這些測驗，並不能增強學生的心理韌性。

　　真正發揮作用的，是將心理韌性的課程融入我們的教室裡。Henderson（2013）替優先考慮這項工作的學校取了一個名字：安全避風港學校（safe-haven schools）。安全避風港學校教師實施的做法，有助於培養更具心理韌性的人，因為它們能夠建立學生內在和環境的保護因子。

　　這些保護因子包括：

- 與教師和導師建立關懷的人際關係。
- 清楚且一致的結構，例如班級常規和禮貌的語氣。
- 接觸、了解他人克服逆境的故事。
- 回饋讓學生知道他們的優點長處。
- 幫助和服務他人的機會。

　　這些做法裡有些容易實施，有些就比較複雜。重點是發展學生的自主能動性和自我效能感，好讓他們擁有在面對挑戰時可以運用的技能。簡單的做法像是選擇主角具有心理韌性的文本，經典故事 *The Little Engine That Could*（中文版《小火車做到了！》，小天下出版）傳達給學生的訊息非常有力，但需要進行討論。這個故事的重點不在於火車，而在於火車為了達成目標而付出的努力。大一點的學生可以閱讀圖帕克・夏庫爾（Tupac Shakur）的詩作〈從混凝土中長出的玫瑰〉（*The Rose That Grew from Concrete*, 1999），當作討論堅持力和心理韌性的基礎。當教師喬爾・佩雷茲（Joel Perez）和學生分享圖帕克的這首詩時，他要求他們找出自

圖表 2.4　心理韌性測驗

生理與情緒調節

針對每道題目勾選 1〜5 的等級，選擇一個最能描述你
如何應對壓力的答案。

	較不符合			較符合	
1. 我每天會有一次或多次感到不知所措。	1	2	3	4	5
2. 有事情困擾著我的時候，我通常知道是什麼事和為什麼。	1	2	3	4	5
3. 在有壓力的情況下我會鼓勵自己，就像我鼓勵朋友一樣。	1	2	3	4	5
4. 即使發生了困難的事情，我也能退後一步，笑一笑。	1	2	3	4	5
5. 一般來說，我有健康的應對機制來處理壓力。	1	2	3	4	5

思考風格

在以下成對的答案中，勾選最能代表你的態度的句子。

6. 談到考試……
   - ☐ 如果你努力讀書，做好準備，幾乎不會出現不公平的考試這種事情。
   - ☐ 老師們常常隨意出題，讓人覺得花太多時間讀書似乎毫無意義。

7. 談到生命裡的「成功」……
   - ☐ 成功與其說是運氣，不如說是努力。
   - ☐ 生命裡重要的是你認識誰，而不是你知道什麼。

8. 談到與他人相處……
   - ☐ 與他人建立良好關係是一項可以學習的技能。
   - ☐ 有些人就是無法建立良好的關係。

9. 談到了解我在問題中所扮演的角色……
   - ☐ 在大多數情況下，我都能好好判斷個人確切應負的責任。
   - ☐ 我經常把事情往最壞的方面想，不明白為什麼事情會變得這麼糟糕。

生命的意義

10. 談到優先的事情……
    - ☐ 保持快樂是我第一優先的事情。
    - ☐ 堅持我的價值觀是我第一優先的事情。

11. 談到自我認識……
□ 我非常了解我自己、我的優點和我的喜好。
□ 我對我自己、我的優點和我的喜好的認知似乎經常改變。
12. 我正在尋找能讓我的生命更有意義的東西。
□ 還早，現在我只想找樂子。
□ 是的，我不確定它是什麼或如何找到它。
□ 不，生命其實沒有什麼重大意義，為什麼要浪費時間去尋找呢？
□ 是的，而且我現在正在追求非常有意義的事情。
第 1～5 題評估你目前面對壓力情境的生理和情緒反應。如果你經常感到不知所措或不滿意自己處理壓力的方式，那麼是時候改善你個人心理韌性這方面的能力了。放鬆、冥想和正念技巧可以大大改善你應對壓力的能力。研究也顯示，透過有技巧地辨識和表達情緒，同時以同理心對待自己和他人，你就可以建立更強的心理韌性。 **第 6～9 題**檢視你對自己行為的態度。有些選項比其他選項暗示你具有更強的心理韌性。有心理韌性的人認為他們的行為很重要，而且他們可以有效地運作。他們也知道培養良好的人際交往能力對於管理人際關係的重要性。 **第 10～12 題**評估你的生命目的感，其中包含精神信念和人性價值觀。

註：本測驗目的只是激發讀者對於評估個人心理韌性程度的興趣，並不具有經過驗證的心理測量特性。

資料來源：經授權同意改編自 *The Resiliency Quiz* by James F. Huntington. Copyright 2016 by James F. Huntington.

己生活中的「混凝土」是什麼，以及他們要如何突破這層障礙並成長。當然，單一節課的單一文本並不能培養心理韌性，但經常閱讀和討論那些展現可運用的策略例子的文本，就可能會改變一生。

此外，在與學科內容相關的任務、作業或活動中，教師也可以詢問學生：「最難的部分是什麼？」透過練習，學生可以開始辨識出他們所面臨的每個情況裡最困難的部分。莎拉・格林（Sarah Green）要求她的四年級學生在每一個任務中都找出最難的部分，刻意地培養這種習慣和技能，當面對挑戰時就可以派上用場。這個例子發生在坎妮拉（Kanella）的狗死掉，她忍不住在課堂上哭泣的時候。坎妮拉說：「最難的部分是我很想念

她。她病得很重，但我真的很想念她。」格林老師分享了自己失去的經驗，並邀請坎妮拉創作一本數位圖畫書，將所有回憶保留下來。學會找出「最難的部分」，然後面對和解決它們，這可以建立心理韌性，並且讓學生能夠好好處理他們的經驗。

🌱 當學生需要更多協助時……

我們相信教師可以將建立韌性的活動融入課堂中，並為學生提供應對生活中出現的挑戰的工具。然而，當創傷和嚴重童年逆境經驗出現時，我們也知道學生需要合格人員的專業協助。

教師是兒童保護、心理健康和家庭支援服務的眼睛和耳朵，因此很重要的是要留意創傷的徵兆，即使有什麼壞事發生在學生身上，也要讓他們能夠獲得幫助並堅持下去。兒童的一些創傷症狀和憂鬱症非常相似，包括睡眠過多或過少；沒有食慾或暴飲暴食；不明原因的煩躁和憤怒；以及難以專注在計畫、學業和對話的問題。

在這些情境裡，人們經常會重複一句有問題的說法：「凡是不能殺死你的，都會讓你變得更強大。」我們不認同這個理論。相反的，我們明白，身為教師，我們與家庭成員和心理健康專業人員共同承擔責任，幫助學生彌補他們所經歷的負面和創傷經驗。

◑ 要點總結

社會情緒學習的一個基本原則是發展學生的自我認同和自主能動性，讓學生敞開心胸、投入學習。教師可以協助兒童和青少年發展認識自己優點的能力，並且應用他們對於內在和外在資源的知識來準確衡量自己目前的能力。如果做得好，學生就會形成一定程度的自信和自我效能感，這不

僅點燃他們學習的熱情，同時也減少阻礙學習的因素。堅持力和恆毅力會影響年輕人發展中的自信和自我效能感，這兩者又會反過來賦予學生力量和增強他們面對挑戰時的心理韌性。關懷學生的教育工作者和學校領導人，投注許多心力在他們負責教育的年輕學子的社會情緒學習，是這些做法的核心。

 反思問題

1. 在你的學科內容中，你看到有哪些機會可以融入自我認同和自主能動性的教學？

2. 你使用哪些技巧來幫助學生認識自己的優點？

3. 關於自信，你和學生有過什麼樣的對話？當學生的自信過低或過高時，你使用哪些技巧和語言來幫助學生重新調整他們對自信程度的評估？

4. 你如何將自我效能感的元素融入學科內容的教學當中？你的學科內容在哪些方面有助於建立學生對自我效能感的信念？

5. 你所在的年級、部門或學校，對於心態的種種細節，除了知道固定型心態和成長型心態之外，目前的理解程度如何？你的學生是透過什麼方式學到有些觸發因素會使得他們轉變成固定型心態？

6. 你是否和學生討論過心理韌性？你的學校和學區擁有哪些專業資源，能夠協助那些因為創傷而需要進一步專業介入的學生？

Chapter 3

情緒調節

辨識情緒｜情緒的自我覺察｜
衝動控制｜延宕滿足｜
壓力管理｜因應調適

「泰勒（Tyler），什麼事？」拉米雷絲（Ramirez）老師說著，停止朗讀手上的書，點名一位一年級學生，他舉起手在空中揮舞。

「奧利弗（Oliver）在玩他的寶可夢卡。」

拉米雷絲老師瞥了一眼奧利弗，他迅速把手藏在桌子底下。「奧利弗，我們已經談過這件事了，」她說：「你應該專心聽我正在朗讀的書。請去移動你的夾子。」

在這所學校，所有老師都使用學生行為夾圖表（behavioral clip chart）作為班級經營的一部分。這些圖表有五個顏色區域，藍色代表行為優良，接著依序是綠色、黃色、橘色和紅色，紅色的結果是和校長面談以及打電話給家長。奧利弗皺了皺眉頭，緩緩從座位上站起來，穿過教室走到掛著行為夾圖表的牆邊，將上面有他名字的夾子從黃色區域移到橘色區域。他步履沉重地走回座位，頹然跌坐在椅子上，後續的閱讀時間裡，他的眼睛一直看著下面。

下一堂是社會課的時間，拉米雷絲老師開始點名學生輪流分享他們進行中的報告：他們長大後有興趣追求的工作。輪到泰勒時，奧利弗咕噥道：「現在去做你的笨蛋報告吧。」

雅各（Jacob）聽到了，向老師告狀：「拉米雷絲老師！奧利弗剛剛罵泰勒笨蛋。」

奧利弗的夾子移到了紅色區域，拉米雷絲老師立刻打電話到校長辦公室。幾分鐘以後，奧利弗怒氣沖沖地衝出教室，跺著腳前往校長辦公室。根據學校政策規定，他將與校長面談，學校也會打電話通知家長。

讓我們思考一下這個情境。顯然，使用學生行為夾圖表的班級經營方式是問題的一部分，如果這種羞辱性的威脅能有效鼓勵正向行為和阻止問題行為，奧利弗一開始就不會玩寶可夢卡片。此外，使用學生行為夾圖表會導致一些學生去監視同儕，像泰勒和雅各那樣，而這種行為不會出現在支持學生建立正向社會情緒技能的教室裡。

同時，需要注意的是，奧利弗沒有機會處理他對於被同學抓到違反規則的情緒反應。他生氣，或許還感到尷尬，但拉米雷絲老師錯過了一個明確辨識這些情緒的機會，幫助奧利弗理解他的自然反應，然後協助他調節自己的反應。假以時日，如果奧利弗繼續因為他的負面情緒反應而受到懲罰，他將學會在當下壓抑這些感受，之後再對其他人發洩這些情緒。

正如我們在第一章提到的，無論自覺與否，所有教師都會將社會情緒學習（SEL）融入他們的課堂教學當中，其中最具影響力的方式之一是透過他們與學生的互動，正如這個情境所展現的，學生從中學到的並非總是正向或具有建設性的教訓，想想：

- 奧利弗學到了他氣憤或尷尬的情緒反應是不被接受的——也許**他自己**也是不被接受的。他還學到了他需要在不被人抓到的情況下對泰勒發洩他的怒氣。

- 泰勒學到了監視別人是可以接受的無害行為，他可能也有些擔心奧利弗是否會尋找機會報復他。因為班上並沒有建立如何解決這種同

儕衝突的模式，泰勒將不得不找出在下午休息時間要如何保護自己的方法。

- 其他學生從泰勒的報告裡獲得的學習比較少，因為奧利弗被送去校長辦公室這件事分散了他們的注意力。他們還學到了在這個教室裡，告狀和避免被抓到是重要的社交工具。

我們之所以分享這個故事，正是因為它如此**常見**，像這樣的小小戲劇每天都在教室裡上演，卻未引起注意，因為老師們不習慣將這樣的事件視為學生需要有人幫助他們發展情緒調節技能的證據。他們可能認為拉米雷絲老師的班級經營策略欠佳，為這麼微小的違規行為將孩子送到校長辦公室是沒必要的，他們也可能認為這會削弱她的權威。但我們希望大家將注意力放在拉米雷絲老師錯失的教學機會上。相對於她所做的事情，她原本可以：

- 重新引導奧利弗的注意力回到課程上。
- 幫助奧利弗辨識他的情緒（「看起來你好像覺得懊惱、沮喪，可以跟我說一說嗎？」）。
- 提醒奧利弗使用自我安撫技巧（「深呼吸三次，讓頭腦冷靜一下」）。
- 之後私下和泰勒談談（「當你看到奧利弗分心時，你認為有什麼更好的方法可以幫助這個朋友呢？」）。

教師需要細心留意教室的情緒氛圍，很實際的原因是因為情緒具有增強或妨礙學習的力量。優質教學的研究已經證實情緒是一個重要面向，它有助於記憶的形成（Phelps, 2004），也正向影響學生的參與投入度（Naragon-Gainey, McMahon, & Chacko, 2017）。教師可以利用情緒來吸引和維持學生的注意力（Öhman, Flykt, & Esteves, 2001）。在一課的開始，

建立學習的方向時，我們可以找出哪些即將學習的內容能與學生產生共鳴（Fisher & Frey, 2011）。我們也可以善用情緒的力量，向學生表達溫暖和關懷，創造平靜有序的學習環境，對我們正在教的主題感到好奇興奮，或者與學生一起開開玩笑和哈哈大笑。你甚至可以想想我們使用的教學策略，讓它們變成影響學生情緒的嘗試，以這種方式增強他們的學習效果。

現在想像一下，如果我們讓學生們了解這一切——如果我們有意識地建立學生對自己的認識，覺察在他們所做的每一件事情當中（包含學習），情緒都扮演著重要的角色，那麼老師們可能會有什麼樣的成就。在這一章中，我們討論情緒處理的基礎原則及其在學習中的關鍵角色，並探討教師可以幫助學生發展的一些情緒調節的重要元素。

◯ 情緒調節的定義

當你感到沮喪、憂慮或無聊時，你會怎麼做？很有可能你已經學會了不少對這些情緒的反應方式——為社會所接受的反應方式。如果這些不是社會接受的反應，那麼你可能會沒有朋友，沒辦法保有工作，甚至可能被關進監獄裡。這些反應也會增進你的生活品質。知道如何應對挫折，以健康的方式讓自己振作起來，對於維持穩定度至關重要；在感到焦慮時重新恢復鎮定，是維持平衡不可或缺的。所有這些都是情緒自我調節的例子，它涉及一系列被認為是成人成功關鍵的複雜技能。

現在教育界已相當清楚的認知到，學齡兒童的情緒自我調節是一系列可被教導的技能。確實，個性特質、發展因素和個人經驗都會影響兒童調節情緒的能力，但是，我們可以教導他們如何辨識、回應和管理自己的情緒狀態，這會幫助他們建立和維持人際關係（參見第五章）。很關鍵的是，兒童調節情緒的能力會影響同儕和成人看待他們的眼光（Argyle & Lu, 1990; Furr & Funder, 1998），而這對課堂學習會產生明顯的影響。

讓我們暫時回到本章開頭的情境。拉米雷絲老師可能會將奧利弗罵人和氣呼呼地離開教室的行為歸因於他負向的人格特質和成熟度不足。泰勒的告狀行為可能也沒有讓他贏得太多人的讚賞，他的同學們可能會認為他不值得信任，應該避而遠之。如果奧利弗和泰勒擁有更多調節情緒的工具，他們可能會有不同的反應。如果這些學生體驗過非常重視情緒調節、強而有力的社會情緒學習課程，整個互動衝突可能根本就不會發生。

　　教導情緒調節的工作始於培養反思、自我檢視和節制回應的習慣。孩子們需要了解情緒是正常、自然的，有些情緒感覺比其他情緒好或差，有些情緒會讓我們覺得失控。我們可能會**暴跳如雷**、**大發雷霆**、**勃然大怒**，請注意這些描述語詞的暴力特性。重要的是要讓孩子們明白他們不必被負面情緒控制，而第一步就是幫助學生準確辨識、標示他們的感受。

◑ 辨識情緒

　　身為人，很大一部分是要試圖理解他人的情緒，而這項工作幾乎從出生就立即展開。嬰兒會讀取父母和照顧者的臉並解讀他們的情緒，他們會留意其他的臉部表情和身體動作，並且將之反映在自己的動作姿態上。學步期的幼兒努力將語言與情緒連結起來，而「可怕的兩歲孩子」之所以會出現，部分可以理解為這時期的孩子缺乏表達性的語言來適當表達情感。成人透過提供命名情緒的標籤來幫助年幼的孩子建立這些語彙，「我看得出來你現在覺得害怕。」當孩子從噩夢中驚醒時，我們會這樣告訴他們，然後我們抱著他們，對他們唱歌，用故事轉移他們的注意力，直到他們平靜下來。我們藉由這些做法，教導他們如何管理情緒。

　　隨著孩子進入學校的生活變得越來越複雜，他們的情緒管理任務也變得更加複雜。小學階段的學生面臨著離開了照顧者的支持，要在有其他孩子的大群體中管控自己情緒的挑戰。在這樣的環境中，幫助學生辨識自己

情緒的線索就變得非常重要。有些教師會使用展現不同面部表情和相對應的情緒標籤海報，來幫助難以表達自己感受的孩子。一年級教師韋斯·羅根（Wes Logan）在與學生談話時就使用這樣的圖表，「我經常在課堂上用它來建立學生的自我意識，」他解釋道：「有時候我用它來談論我自己的情緒，比如在校長造訪我們班之後，我向他們解釋，當時我很興奮，但也有一點焦慮不安。」

羅根老師也把這種方法帶到學科教學中。「我們把在故事裡遇到的角色的情緒標示出來，」他告訴我們：「這是理解這些角色的一種方式。」在社會科「社區居民的職業」學習單元中，班上學生討論了不同職業的情緒面向。「我們討論到警察有時候必然會感到害怕，而商店老闆老是被顧客問同樣的問題時可能會感到沮喪。這開啟了有關這些職業人士如何辨識和處理自己感受的討論。」

七年級英語教師莉迪亞·納瓦羅（Lydia Navarro）在教室裡設有情緒語彙的「文字牆」，她利用這文字牆來擴充學科詞彙，同時也培養學生辨識情緒狀態的能力。「我在寫作的情境裡介紹語詞，」她解釋：「找到『剛剛好』的語詞來描述角色的內心世界是偉大作家的標誌。在整個學年中，我們收集遇到的詞彙並將它們分類，以顯示它們之間的關係。」每學年開始，納瓦羅老師會運用名為「意義色調」（shades of meaning）的處理過程，來介紹在連續光譜上分類詞彙的概念。她用當地一家五金行捐贈的油漆色片來示範如何用詞彙來描述各種相關的情緒：「這些油漆色片是顏色色調深淺的視覺表徵。我們先從收集加強語氣的詞彙開始，」她告訴我們。建立了這個基礎後，她教學生認識羅伯特·普拉奇克（Robert Plutchik）的情緒輪盤（wheel of emotions; Plutchik, 1997）（參見圖表 3.1），其中包含八種基本情緒：喜悅、信任、害怕、驚訝、悲傷、厭惡、憤怒和期待。這些基本情緒的交集產生其他的次級情感：

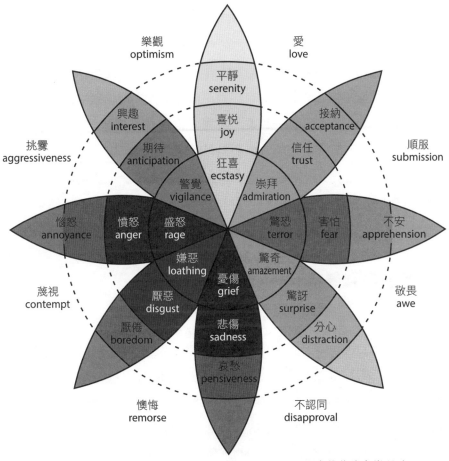

資料來源：改編自 Plutchik-wheel.svg by Machine Elf 1735。取自維基共享資源（Wikimedia Commons），https://commons.wikimedia.org/w/index. php?curid=13285286

- 喜悅＋信任＝愛
- 信任＋害怕＝順服
- 害怕＋驚訝＝敬畏
- 驚訝＋悲傷＝不認同
- 悲傷＋厭惡＝懊悔

- 厭惡＋憤怒＝蔑視
- 憤怒＋期待＝挑釁
- 期待＋喜悅＝樂觀

「我們使用情緒輪盤作為指南，來適切表達正確的情緒以解釋一種情感，同時我們也將在閱讀中遇到的詞彙添加進去。」納瓦羅老師解釋道：「就在這個星期，我們新增了**溫柔、震驚、懷疑**和**興高采烈**這些詞彙。」而且她強調，這不僅僅是了解一個語詞的字典定義；「更重要的是將這些情緒適當地定位在情境脈絡裡。班上學生決定『溫柔』與愛同屬一類，而『震驚』則和敬畏連結在一起。在理解自己和他人的情緒上，他們拿捏得越來越精準了。」

● 情緒的自我覺察

Jones 及其同事指出：「在我們期望孩子與其他人互動，一起參與同一系列的過程之前，孩子們必須先學會辨識、表達和調節他們的情緒。」（2017, p. 16）能夠辨識情緒並不只是有情緒名稱的標籤而已——學生需要學會準確地將這些標籤應用在自己和他人身上。能做到這件事的能力是透過練習而發展出來的，尤其是當這些練習裡擁有許多機會來檢視他們的情緒狀態以及談論他們和別人現在的感覺是什麼。

老師有權力將情緒檢視變成教室裡的例行活動。我們服務學校的國中教師們在開學時會播放電影《腦筋急轉彎》（*Inside Out*; Rivera & Docter, 2015），以建立共同的情緒語彙。片中的角色——樂樂（Joy）、憂憂（Sadness）、怒怒（Anger）、厭厭（Disgust）和驚驚（Fear）——是依據普拉奇克有關情緒的著作所畫的，由剛搬到新城市、內心充滿衝突的女孩萊莉（Riley）表現出來。在我們學校，每位學生的桌子上都有一張電影裡討論到的各種情緒的小圖示，學生們在這一週的不同時間會被要求注意

他們目前的情緒狀態。這是安靜進行的，而且，雖然學生有時候會寫一寫他們的感覺，但通常並不用這樣做。然而，假以時日，這些情緒檢查逐漸成為一種習慣。七年級學生葛蕾絲（Grace）告訴我們：「我現在越來越能夠檢視自己的情緒了。就好像，如果我覺得無聊，我必須注意到這一點，並且做點事來處理這種情緒。」

幼兒的教師可以定期的要求孩子停下來，注意他們的感覺，然後使用顏色來描述這些感覺。情緒調節區域模式（Zones of Regulation model; Kuypers, 2013）提供了一個有幫助、以顏色為基礎的語彙，用來表達情緒狀態：

- **藍區**：我覺得悲傷、不舒服、疲累、無聊、動作緩慢。
- **綠區**：我覺得快樂、平靜、很好、專注、準備好要學習了。
- **黃區**：我覺得挫折、擔心、笨拙／坐立不安、興奮、有點失控。
- **紅區**：我覺得生氣／憤怒、害怕、大喊大叫／打人、興高采烈、完全失控。

不同於拉米雷絲老師在本章開頭情境裡使用的學生行為夾圖表，這些顏色區域並不具有懲罰性質。運用 Kuypers（2013）所描述的這個技巧，孩子們學到每個人都有各種不同的感覺，所有感覺都是可以接受的，以及，知道自己現在的感覺是什麼，可以幫助他們找出如何應對這些感覺的方法。這些感覺的分類是根據「活躍度」（alertness，類似於強度等級），而不是外界的「好」和「壞」的判斷（這種判斷本身對於培養孩子管理情緒的能力幫助非常有限）。

三年級教師亞莎・傑克遜－菲爾普斯（Asia Jackson-Phelps）要求學生每天早上進入教室時，都要檢視自己的情緒狀態：

我有一片磁性白板，上面列出每個孩子的名字。他們在自己的名字

旁邊放一塊磁鐵來告訴我他們已經出席和是否要訂午餐。去年我新增了一個情緒區域報告，我為每個區域準備了不同顏色的磁鐵。這讓我可以快速檢視班上學生的情緒溫度，而且我可以根據每個學生的狀態來調整我的語言和回應方式。

她的學生也透過閱讀書籍、與書中的角色相遇，累積了運用這種語言的經驗，這不僅有助於他們理解文本，也提升了他們對於別人情緒狀態的了解。最近，每天午餐之後，傑克遜－菲爾普斯老師都在朗讀 *Poppy*（Avi, 1995；中文版《小鼠紅花歷險記》，小天下出版），這有助於學生辨識情緒：

在故事中，有一個情節是麋鼠紅花（Poppy）發現原來貓頭鷹歐凱子先生（Mr. Orax）一直利用謊言和恐懼來統治他們，紅花正試著想清楚要如何應對這個新發現。其中一位學生說：「她現在是在黃區！」我想繼續探討這個想法，於是我問了更多相關的問題。我們談到，興奮的感覺為什麼很容易會變成失控。他們提出了一些預測，如果紅花不小心的話，她可能會做出什麼事——例如，她的興奮可能會使她冒險做出愚蠢的舉動。這與故事情節完全相符，但這同時也是一個讓學生好好思考如果紅花能調節她的情緒，可能會產生什麼不同的結果的時機。

善於情緒自我調節的學生能夠準確察覺自己目前的情緒狀態，預測接下來的一天他們會有什麼感覺，然後採取措施來保持情緒的平衡。Brackett 和 Frank（2017）建議，提供較年長的學生一些機會去評估、衡量他們的情緒狀態在不同的情境中會有什麼變化。以下是他們建議提出來激發學生自我反思和討論的四個問題：

1. 學校一天開始時，你感覺如何？

2. 在這一天的學習過程中，你感覺到哪些情緒？

3. 走在走廊、坐在學校餐廳或下課休息時，你有什麼不同的感覺？

4. 學校一天結束時，你感覺如何？

如果你像我們一樣與青少年一起工作，那麼第三個問題會特別有趣。我們常常跟上課中在走廊罰站的學生談話，令人驚訝的是，學生常會請求我們陪他們回到教室，因為他們不想從同學面前走過。當我們問為什麼，他們通常告訴我們，因為他們感到不自在和不舒服，他們說：「每個人都盯著我看。」身為成人，有時候我們並沒有覺察到青少年某些特定的焦慮感。這提醒我們，問問學生有關他們情緒狀態的問題，也是我們更進一步了解他們的機會。

九年級科學教師艾勒里·戴維斯（Ellery Davis）在開學第一個星期的歡迎週活動期間，介紹了一種預測情緒的方法。「九年級學生的高中生活超級緊張的，」他說：「你可以在他們的眼中看到恐懼。」他運用學校學習管理系統的線上行程規劃功能，這項功能已經特別客製化納入一個情緒計畫程式。戴維斯老師和學生們討論了可能會引起緊繃情緒的時刻，例如考試、在同學面前報告、和你不熟的人合作完成實驗，以及參與課堂討論。在列出科學課上可能引起焦慮的情況之後，他們討論了如何為這些情況預先計畫的方法。「這份清單通常從他們可以做些什麼來讓自己冷靜下來開始，例如呼吸和伸展，」他說：「然後我們開始挖得更深。你如何減輕考試前的焦慮？讀書和準備是有幫助的。」

戴維斯老師第三節課的學生列出了適用於不同情況的許多方法，包括喝水、找一個好學習夥伴、寫待辦事項清單和在實驗室裡找到最好的座位。「其中一個重要的方法是得到充足的睡眠。青少年在這方面真的很不注重，因此我特別針對休息對生理的影響以及休息和壓力之間的關係上了

一堂課。」他也成為指尖紓壓玩具和壓力球的愛好者：「我不認為它們會造成學生太多的分心，起初幾天可能會有一些新奇感，但很快它們就成了教室用品的一部分。偶爾是有需要複習一些使用規則，但僅此而已。」

⬤ 衝動控制和延宕滿足

我們特意將這兩個主題留到本章後面，因為如果沒有對情緒自我調節的理解，這個主題很快會變成一場關於外在控制的討論。兒童控制衝動和延宕滿足的能力，就像情緒調節的其他元素一樣，受到個性、經驗和發展因素的影響。毫不意外，年紀較大的學生在這兩方面都會比年幼學生好，如果你教的是年紀較大的學生，他們到你班上時可能已經具備了一些策略。此時，教師的角色是進一步推動衝動控制和延宕滿足的情緒工作，解釋和討論這些技能，並且支持學生發展和應用這些技能的努力。這可能是挺複雜的工作，因此我們將逐一探討這兩個相關的主題。

衝動控制

「三思而後行。」這是我們在成長過程中常常聽到的一句話。

「停下來，想一想。」當學生們似乎準備立即做出反應時，我們會這樣提醒他們。

「踩煞車。」學生們也會互相告誡。

在某人即將做出衝動行為的時候，所有這些忠告都是非常適當的。請注意這些都鼓勵人暫停，反思一下──是時候想一想和選擇審慎的行動，而不是自動做出反應。

雖然衝動看來好像不知從哪裡冒出來，但它們一直都是對某個刺激的反應，而且這刺激通常是情緒上的：憤怒、無聊、困惑、焦慮等等。因此，衝動控制的關鍵在於能夠找出觸發的機制，並且準備好在導線觸發之

際以不同的方式行動。例如，一旦學生認識到憤怒或害怕的感覺會讓他更容易出現身體上的暴力行為，他就可以計畫下次生氣時要採取什麼樣的行動——數到 10、深呼吸、與信任的成人談一談，或離開教室，避開引發他憤怒的事物。

最後的這個例子突顯出為什麼知道情緒調節策略和幫助學生制定他們的「B 計畫」是非常有幫助的。想一想，有多少老師會認為生氣的學生選擇離開教室是一種挑釁反抗，而不是衝動控制——認為他是憤而離席，而不是避開衝突。我們需要提供學生各種調節情緒的方法，如果我們沒有提供「避開」這個選項，就等於剝奪了他們一項寶貴的工具。

以教導學生對「火燙」情緒（像是憤怒和害怕）的衝動控制為目的的教室結構設計，會提供孩子暫時退避的空間，這些地方應該是溫馨舒適的，並且與活動或事發點有些距離。小學高年級學生通常可以坐在角落的一張舒適椅子上，讓自己冷靜下來，但是比較年幼的孩子可能需要多一點身體的庇護，例如小帳篷或可以整個人沉躺進去的豆袋椅，再加一條小毯子當作防護罩。這些空間絕不能被當作懲罰的場所，而必須維持是安全的退避場所。話說回來，當你看到孩子出現情緒騷動的跡象，邀請他們利用這些空間並沒有什麼不對，在這麼做的時候，請說明、指出他們的情緒：「你現在很沮喪，是因為我們在排隊準備下課休息時發生了一些事。你想要使用冷靜椅，讓你可以想一想、整理思緒嗎？」

同樣聰明的做法是，建立一套固定的程序，讓國中和高中生在有需要時自主申請休息。我們知道學校對於誰可以離開教室有許多規定——你需要許可、你需要通行證等等。但是，當學生在私人爭執之後，試著控制自己不要飆罵另一位同學時，可能真的需要讓自己離開這個環境。我們曾在另一本書探討過任教學校中使用的一種措施，我們暱稱它為「TLC」（Fisher, Frey, & Pumpian, 2012）。在走廊的某個角落裡設置一張小桌子和兩張椅子，桌上貼著一張牌子寫著：「我可以幫忙嗎？我有時間。」成年

教職員會經常坐在 TLC 桌旁（這是一個無需躲在辦公室裡即可查看電子郵件的好方法），任何人都可以坐在另一張空椅子上──有時也可能是另一位成年人──彼此聊一聊。無論是被老師指定或自主申請休息的學生，都可以利用這個機會，與願意提供幫助的人交談。

更有效控制衝動的第二個關鍵是仔細聆聽。良好的聆聽者能夠更準確地理解他人訊息的情境脈絡、語氣和意圖。有多少衝突是因為訊息傳遞不清楚或理解不正確而產生的？或急於對別人的意思或意圖下結論？幫助學生發展聆聽技巧的簡單方法是經常要求學生重述一個指令，或用自己的話重說一次（這還有一個額外的好處，可以養成停下來完整思考指令的習慣）。給幼兒的聆聽遊戲，像「紅綠燈／木頭人」、「賽門說／老師說」以及「頭、肩、膝腳趾」之類的遊戲，也能培養仔細聆聽的能力。

八年級社會科教師艾倫‧薩巴（Allan Sabah）在班上使用障礙遊戲（barrier game）來培養學生良好的聆聽能力。學生倆倆一組，但背對背坐著，無法看到對方在做什麼。一位學生手上拿著一張與學習單元有關的簡單圖片（例如旗幟、地圖、政治符號），另一位學生拿著紙和筆，但無法看到那個圖片。每個小組的目標是盡可能準確地重現原來的圖像，但不能提及那個圖像的名稱。「所以，拿著革命戰爭時期使用的聯合傑克旗（Union Jack flag，即英國國旗，俗稱米字旗）圖片的學生，就需要說出這樣的指令：畫一個長方形，在中間畫一個紅色的十字等等。」薩巴老師解釋：「地圖的輪廓更困難，所以這真的會推進他們的溝通和聆聽能力。」儘管學生把這當作一個好玩的活動來進行，但其中包含了學科內容和情緒調節的學習。「根據單元的脈絡，他們越來越能夠預測他們正在畫的東西是什麼。我們也討論到，要達成目標需要多明確的雙向溝通。」

有些學生需要更個別化的協助，來發展出調節自我衝動的能力。無論是因為身心障礙、創傷或缺乏經驗，這些學生可能會很快就激怒老師。有些學生可能會攻擊其他孩子，或者在引發緊繃情緒的情況下「過度反應」（例如，沮喪時亂發脾氣、笑得太大聲和笑太久）。年紀較大的學生可能看起來很好辯，總是試圖爭取「最後一句話和第一個說話」的機會，我們認識的一位家長就是這樣形容他自己的孩子。衝動控制差的孩子的外在行為，可能被錯誤解讀為孩子的性格不佳和家教不好，而不是需要發展執行功能（executive function）的證據。

正如前面提到的，了解自己的觸發因素是什麼，這對所有衝動控制能力較差的學生都是有益的，但這裡我們想針對這個概念挖得更深一點。任何一種行為都是對某事物的反應，目的是為了得到或避免另一件事物。這些就是行為的 ABC：前因（antecedents）、行為（behavior）和後果（consequences）。**前因**是指在這個行為之前發生的人、事或環境的線索。有些是快速觸發因素，意思是它們在行為之前立即發生；有些是慢速觸發因素，發生在行為之前的幾分鐘、幾小時或幾天。快速觸發因素的一個例子是某個學生低聲咒罵了一句話，另一個學生就打了他一個耳光。打同學是一種必須加以處理的問題行為，但我們也必須處理導致這種行為的因素。另一方面，慢速觸發因素可能也會導致相同的行為。也許某個學生因為昨晚父母爭吵了好幾個小時，度過了很不安寧的夜晚，然後早上下樓準備吃早餐時，母親宣布他的父親離家了，她淚流滿面地跑回自己的房間。這個男孩沒有吃早餐就去上學，陰鬱沉默地度過了上午的課，然後穿過擁擠的走廊前往學校餐廳。一位體型較大的學生不小心推擠到他，為了報復，他就打了對方一拳。同樣的，這樣的問題行為也必須處理，但是，只聚焦在快速觸發因素（推擠）而不檢視慢速觸發因素（他的挫折沮喪、焦

慮、睡眠不足和尚未進食），對一個需要情緒支持的學生來說，這會造成極大的傷害。

這兩個例子本身並不表示學生有衝動控制障礙，但學生若經常出現這種行為模式就有可能是衝動控制障礙。在這種情況下，幫助學生辨識慢速和快速觸發因素會很有幫助。當利蘭（Leland）的父親因軍事調度而離家，利蘭開始表現出衝動控制力下降的跡象，這讓他的九年級老師們很擔心。即使是小問題，他也很容易生氣。他的身體動作顯得更加焦躁不安，常常把椅子往後傾（還摔倒了幾次），常常在應該坐好的時候離開座位，並更經常要求離開教室。利蘭的老師們和他會談，想弄清楚狀況。在老師們和學校輔導員的幫助下，利蘭開始收集有關自己觸發因素的資料，記錄在好日子和壞日子裡發生了什麼情況。漸漸地，他注意到睡眠不足會產生不良的影響。他開始提早一點到學校，讓他可以吃早餐並在上課前稍微安頓一下自己。雖然沒有立即解決的方法（利蘭的家庭生活依然複雜），但他對自己有了更多的認識，並且學會了管理自己能夠控制的觸發因素。

後果當中存在的模式也值得研究。在行為分析中，**後果**就是行為的結果。後果可以理解成行為的四種功能：社會關注；避免或逃避；得到東西；權力或控制。所有這些功能在日常生活中都有其作用，而且在大多數的情況下，我們都知道如何達成這些目標。我們每天每天都使用這些功能，差別在於我們如何執行這些功能。圖表 3.2 針對每種功能對比了成人生活中的一組例子：一個是社會可接受的行為，另一個是社會認為有問題的行為。正如你所看到的，為了達到同樣的後果而選擇的路線可能會有很大的差異——從積極正向到消極負面甚至到違法的都有。

衝動控制能力差的兒童和青少年，有時候在達成目標所需的資源工具庫比較有限，他們倚賴那些能以最有效率的方式得到他們想要的東西的行為，至於社會可接受度往往不在他們的考慮範圍之內。

圖表 3.2　針對不同的後果，社會可接受和不可接受的成人行為

後果	社會可接受的行為	社會不可接受的行為
社會關注	你用微笑和愉快的「早安！」問候同事，他們也會問候你。	你侮辱你的同事，而且當他們憤怒地回應時，你說：「你們開不起玩笑嗎？」
避免或逃避	你禮貌地從一場乏味的會議告退，這樣你就可以休息一下，伸伸腿。	你在會議上大聲驚呼：「天哪，這太無聊了！你就不能閉嘴嗎？」
得到東西	你為你在咖啡店購買的東西付款。	你隨手抓了咖啡店陳列的一條蛋白質營養棒，沒有付錢就離開了。
權力或控制	你針對一項令人失望的產品寫了一篇顧客評論。	你寫了一張要求退款的紙條，然後把它綁在一塊磚頭上，朝商店櫥窗扔過去。

模式分析（pattern analysis）對於檢視有問題的衝動行為的後果很有用。經常在課堂上大聲喊叫的學生可能是在尋求社會關注；在不恰當的時候要求上洗手間的女孩可能是為了逃避困難的學業任務；從別人手中搶走物品的小小孩可能是因為缺乏溝通技巧，無法提出她想要什麼的要求；當你要求十幾歲的青少年移到另一個座位，他說：「別跟我說話！」他可能是在尋求權力，他更在意的是要在朋友面前顯得強悍，而不是遵從你的要求。了解一個行為可能的功能可以讓學生洞察自己的意圖，並幫助他建立能夠取代問題行為的其他技巧。

例如，那個總是不舉手就直接大聲回答問題的男孩，若能和你一起設定減少這種行為的目標，也許對他有幫助。你必須在他真的舉手時，總是點名他回答，這樣他就會學到他可以獲得你的注意而不用擔心。那個經常逃到洗手間的女孩，若能發展一些求助策略，也會對她有幫助，這樣她就不需要那麼頻繁地逃離教室了。而那個從別人手中搶走物品的小小孩則是

需要發展口頭表達請求的技巧。

行為的最後一個功能——尋求權力和控制，可能是最難處理的，因為它根源於恐懼。在所有情緒當中，恐懼是很重要的，因為它涉及到自我保護。越來越多的研究證據顯示，有注意力和衝動控制問題的兒童和青少年「難以處理與威脅相關的情緒」（Flegenheimer, Lugo-Candelas, Harvey, & McDermott, 2018, p. 336）。那位故意拒絕遵從你的要求，好在同儕面前擺出姿態的青少年，他的動機是害怕失去他的社會地位。首先且最重要的是，他需要你保持冷靜和不帶威脅的態度，以避免讓情況越演越烈。長遠來看，你可以稍微調整環境，確保他有選擇（真正的選擇，不是「不然就」的威脅），例如讓他從你提供的書單中選擇獨立閱讀的書籍。另一個環境的改變是使你的教學內容與他的興趣相關。而最有效的方法是與這位學生建立關係，為他示範正向的社會情緒技能。這樣做可以幫助他明白你和學校環境對他並不是一個威脅。

在衝動控制上的突然改變或顯著遲緩可能暗示著更嚴重的問題。經歷創傷事件的兒童和青少年，衝動控制的表現比同年紀的同儕差很多，這是可預料的（Danese & McEwen, 2012）。童年逆境經驗本身可以分為三個領域：兒童虐待、家庭失能和社會弱勢。出現衝動控制明顯改變的學生很可能正在經歷創傷，這需要進行調查和干預介入——當這些變化發生時，教師是站在第一線觀察注意的人。

延宕滿足

一提到「延宕滿足」，大多數教育工作者都會聯想到棉花糖——更具體的說，是 Walter Mischel 在史丹佛大學針對一群四至六歲兒童進行的一系列影響深遠的研究。研究者提供這些孩子一顆棉花糖或其他零食，並告訴他們可以立即享用，但是如果他們能等待十五分鐘，就可以獲得兩份零食。然後，研究者就讓孩子獨自待在房間裡，面對著誘人的棉花糖。有些

孩子在研究者離開後馬上吃掉了零食，但還有許多孩子努力分散自己的注意力，讓自己撐得夠久，得到研究者承諾的兩顆棉花糖。這些孩子使用了很多種方法，包括：和自己講話，以及把椅子轉過來，讓自己看不到棉花糖。預料之中的是，延宕滿足的能力與兒童的年齡有相關；但預料之外的是，一系列長期追蹤這些參與者（現在已經是成人）的研究結果，相較於那些無法延宕滿足的孩子，那些能夠成功等待而吃到兩份零食的孩子有更高的 SAT 分數以及更活躍的前額葉皮層活動（Casey et al., 2011; Shoda, Mischel, & Peake, 1990）。

　　教師可以幫助學生培養更強的延宕滿足能力，方法是設定**合理且可達成的課堂目標**，達成目標即可獲得獎勵回報。如果，相較於孩子的年紀，這個獎勵設定在太遙遠的未來才能得到，那它很可能會失敗。例如，將幼兒園學生的獎勵設定在學年最後一天才給，這是不合理的。對他們來說，一年代表的是他們活到目前為止時間的百分之二十！相對的，一天結束時就給予獎勵，對五歲孩子來說就合理多了。根據班上每個學生都要在測驗中獲得滿分的期望來設定獎勵，可能是無法達成的，但是在下次化學測驗時提高班級平均分數，則是可能達成的目標。設定對學生而言不可能達成的目標，並無法激發他們的動機。有些教師使用視覺化工具，例如彈珠罐或溫度計，好讓學生可以看到他們的成就不斷累積。

　　二年級教師凱倫・富蘭克林（Karen Franklin）是一位狂熱的運動迷，她的教室滿是來自當地職業球隊和大學隊伍的體育相關物品。根據她的興趣，她設置了一個電子計分板，讓學生可以看到他們的表現如何為班級的獎勵做出貢獻。「我會為表現出利社會行為的同學給小組桌獎勵分數，例如幫助同組的夥伴、完成任務以及全神貫注和親切友善。」她說。

　　學年一開始，我給予每天結束時的短期獎勵。但隨著學年的進展，
　　我逐漸增加了他們達成目標所需要的時間。例如，每當班級達到

10,000 分，我們就會舉辦「週五新鮮水果日」（Fresh Fruit Friday）。

富蘭克林老師告訴我們，班上學生通常需要二到三週才能達到 10,000
分。她說：「我們現在提出了一個很大的目標：100,000 班級積分，然後
我們就會去他們選擇的目的地進行一次校外教學。」她解釋，當班級達成
目標時，他們會討論要去哪裡並達成共識。她也指出，這個活動有助於加
強學生對於大數的數感，這是他們數學學科內容的學習目標之一。

原始的棉花糖實驗並未測試環境對孩子延宕滿足能力可能產生的影
響。最近，一個研究團隊想知道，當成人無法信守承諾時，是否會造成負
面的影響。他們以三歲的孩子複製了原始的實驗，但有一個關鍵的不同：
其中一些孩子先前有過成人研究者承諾提供美術用品但失信於他們的經
驗。當這些孩子後來被給予延宕享用棉花糖獎勵的選擇時，那些曾經處於
不可靠環境的孩子平均只等了三分鐘就吃掉棉花糖；而那些處於可靠環境
的孩子平均等了十二分鐘，對學步期的幼兒來說，願意等待這麼長的時
間，可說是非常了不得的里程碑（Kidd, Palmeri, & Aslin, 2013）。這個研
究是很重要的提醒：為了我們的學生，我們必須嚴格的始終如一和可靠可
信。學習延宕滿足取決於對這個世界的信任，我們的教室應該是個一諾千
金的地方。

◐ 壓力管理

壓力的感受是對環境的一種生理反應，心率增加、呼吸變快、腎上腺
素釋放。儘管壓力通常與負面情況相關，但更準確的說法是，壓力有兩種
類型：良性壓力和惡性壓力。**良性壓力**（eustress）是「好的壓力」，它使
你早上願意起床，正向影響動機、表現和安適感（well-being）。另一方
面，**惡性壓力**（distress）則對動機、表現和安適感產生負面的影響。

有壓力的學生（我們真正的意思是**受惡性壓力影響**的學生，但從現在開始我們會使用這個白話語詞）表現得比較差，對學過的知識遺忘得比較多，而且會主動避免在課堂外思考學科內容。研究數學課堂的 Ramirez、McDonough 和 Ling（2017），直截了當地總結他們的研究發現：「課堂壓力會使得學生動機性遺忘（motivated forgetting）數學知識」（p. 812）。更糟的是，學習時段的高度惡性壓力與吸收新資訊的能力降低有相關（Vogel & Schwabe, 2016）。

學生需要被教導辨識和管理壓力程度的技巧，其中一個建議就是讓學生學習正向思考和「選擇他們的態度」。這聽起來可能有點軟弱，但已經在許多課堂試驗而且證明有效。例如，當萊克西・薩拉查（Lexi Salazar）和二年級學生談話時，他們練習複述正向的思考，像是「我是好的朋友。我喜歡學習。我們對我們班感到驕傲」。根據薩拉查老師的說法，這些短暫的體驗有助於建立學生對自己的信心和減輕壓力。簡單的呼吸技巧也可以幫助鎮定神經和集中注意力。「我教他們的一種技巧是大黃蜂呼吸法，」她解釋道：「他們閉上眼睛，深吸一口氣，然後慢慢從嘴巴吐氣，像蜜蜂一樣輕輕哼出聲音。我們這樣做幾次，然後開始工作。」

在薩曼莎・阿奎爾（Samantha Aguirre）的班上，學生在面對任何有壓力或引發焦慮的事件之前，會先做姿勢回饋（postural feedback）。Cuddy（2015）發現，在完成一項具有挑戰性的任務之前，先擺出擴張性的（expansive）身體姿勢（例如，雙手舉高並張開）的人，回報說他們自我覺察到內在力量感的提升。Cuddy 假設這種身體姿勢（最初稱為「權力姿勢」〔power posing〕），會引發荷爾蒙的改變。儘管 Cuddy 後來撤回了影響荷爾蒙的主張，但經過五十五篇發表研究論文的統計分析，確證了最初的理論（Cuddy, Schultz, & Fosse, 2018）。我們曾看過學生自行擺出姿勢回饋來增加信心和減輕壓力，如果這能幫助一些學生感到更有自信，讓他們離開座位，把更多的氧氣灌進他們的大腦裡，那我們是支持的！

當然，除了只是做出正面的肯定和告訴學生要正向思考之外，教師應該做得更多。創造一個降低（或至少不要增加）學生壓力程度的環境也是同樣重要。物理環境應該整潔、不雜亂，特別要注意教室裡視覺干擾物的數量。雖然在教室裡張貼語文圖表、學生作品等等的東西是有價值的，但請記住，在整個學年進行的過程中，這些東西會逐漸累積，在貼上新的東西時，不要忘記撤下舊的物品。

教室外的噪音強度等級雖然不是我們能完全控制的，但可以透過使用減音物品（例如植物、軟墊沙發和地毯）來稍微降低噪音。此外，讓學生意識到他們在教室裡產生的噪音，並教導他們調節整體音量的方法。三年級教師貝拉・桑切斯（Bella Sanchez）使用帶有調光開關的落地燈，向學生示意相對的音量。當燈光調暗時，表示這個活動需要低聲，例如學生閱讀的時候；而燈光調亮時，表示可以接受較高的音量，例如學生進行合作學習的時候。

調整教室的學業結構也可以減輕壓力。在大考之前的一個星期左右預做考試練習的方式，可以減輕學生的壓力（Vogel & Schwabe, 2016）。考試練習是實際考試的縮短版，目的在於強調關鍵的技能和概念。雖然它們不計入學業成績，但上面會有分數，學生可以藉此分析自己的表現。能夠以考試的時候所需要具備的知識作為比較標準，準確地評估自己目前的知識，這可以消除令人緊張的不確定性，並且為進一步的讀書準備提供確定的方向。針對考試練習的一個後設分析研究顯示，考試練習在小學和中學的環境都是有效的，而且，進行一次考試練習就已經足夠，對同一單元進行多次考試練習並沒有對學生的學習產生更大的影響力（Adesope, Trevisan, & Sundararajan, 2017）。應該注意的是，必須給予學生機會去分析他們的考試結果和計畫要如何改善自己的學習，以發揮考試練習的正面影響。

最後，提升學生對壓力及其對學習的影響力的意識非常重要。許多

SEL 課程都包含了壓力管理主題的幾堂課，這是向學生介紹這個主題的有效方式。吉姆‧甘迺迪（Jim Kennedy）在他的五年級班上，開始條列「當你感到有壓力時要做的十件事」清單，學生一邊學習，一邊增加相關技巧。「一開始列出的事，大多是關於呼吸、伸展身體這類的事情，」他說。「在一年的時間裡，他們加入了一些提醒，比如當他們對學習感到有壓力的時候，可以跟我、家人或朋友談一談。這向我顯示了他們意識到生活周遭有一個支持網絡的存在。」甘迺迪老師自己也以身作則，在他需要深呼吸或伸展身體以紓解壓力的時候，他會利用這些時機，一邊做，一邊放聲思考，說出他的經驗感受。

◑ 因應調適

在第二章，我們討論到心理韌性是學生必須培養的一種心態。心理韌性可能是一種態度，但它並不是孤立存在的，心理韌性當中有一種情緒成分，而且涉及因應調適（coping）技巧的使用。

因應調適的機制包括那些與壓力管理和控制焦慮相關的機制。因應調適和情緒調節的交集是相當新的領域，而且其中有些技巧落在認知調節的範疇，這是第四章的重點。因應調適的認知調節技巧包括解決問題、尋求幫助和社會支持；情緒調節技巧包括接受現實情況、轉移注意力和停止負面的「末日」思維。處理因應調適情緒面向的一大挑戰是，它看起來可能像是因衝動控制不佳而產生的問題行為。以情緒為焦點的因應調適技巧包括「尋求社會支持和逃避／避免」（Compas et al., 2017, p. 941）。換言之，因應調適可能有適應良好型（adaptive；有用的）或適應不良型（mal-adaptive；有害的）。適應不良型的因應技巧包括自責、責怪他人、否定、遠離他人。反之，適應良好型的因應技巧在應對負面的生命事件時可以發揮保護因子的作用。

在適應良好型的因應技巧當中，我們想要討論一類特別用於壓力和焦慮管理的技巧，稱為**轉移注意力策略**（distractors）。你可能很熟悉轉移注意力策略，因為它們是 SEL 課程常見的特色。貝瑟妮・歐布萊恩（Bethany O'Brien）是六年級數學教師，她為學生發展了一份健康轉移注意力的方法清單，供他們在課堂內和校外使用。其中一些轉移注意力的目標放在改變一個人的身體狀態：騎自行車、在街區散步，或喝水。她也教學生一些手指運動，用以增加手部和手腕的靈活性。「我以前彈鋼琴，我的老師叫我做這些手指運動來提升靈巧度和力量，」她解釋道：「但這些確實也是促進血液循環的好運動，而且讓學生可以想想別的。」

　　班上學生也持續記錄他們可以用來轉移心理注意力的方法清單，其中一些方法是學生提出的建議：抱寵物、讀書和聽音樂。歐布萊恩老師在一張安靜桌上放了彩色鉛筆和麥克筆，還放了幾本成人著色本。「我特別喜歡這張安靜桌，因為它讓我的孩子們有機會重新整理自己而不必離開教室。他們仍然可以聽課，但也稍微有點距離。」最近，她將人際互動也添加到清單中。「我們列出了生活中可以交談的人，」歐布萊恩老師告訴我們：「父母、朋友、兄弟姊妹、我……在這個年紀，有時候只是提醒他們身邊有人關心他們，就能造成很大的不同。」

　　有時候，最好的交談對象是自己。十一年級的英語老師塞繆爾・伊藤（Samuel Ito）教學生有關亞里斯多德的事蹟和「淨化」（catharsis）這個詞彙的古希臘字源：「一開始我是在戲劇的脈絡背景下介紹這個詞彙，因為劇場的喜劇和悲劇應當都對觀眾有淨化的效果。」然後，他介紹了另一種因應壓力和焦慮的淨化釋放方式：「寫日記。我向他們展示了我放在家中書架上二十三年來個人日記的照片，」他說。伊藤老師在當地的二手商店購買了一些空白日記本，提供有興趣的學生寫日記，同時他也在探索日記寫作行動應用程式的使用，這些應用程式有密碼保護——「比起帶鎖的日記更安全」——還可以加上照片和影片。

◯ 要點總結

情緒影響學習和行為，就像柴油引擎上的調速器一樣，可以調節我們處理訊息和經驗的速度。然而，當情緒過於激烈時，大腦和身體會很快超出負荷。孩子們需要學習了解自己的情緒，以及如何準確地命名和辨識情緒。情緒在影響學生的衝動控制和延宕滿足能力上有其獨特的作用，有些學生需要更強力、密集的支持來發展這方面的能力。如果不加以控制，壓力和焦慮會使人衰弱，因此學生需要獲得因應機制的工具箱。然而，只是告訴學生情緒調節的知識並不足以幫助他們發展這些技能，至關重要的是，我們必須檢視和重新組構我們的教室和學校，方能更有效地支持情緒自我調節能力的發展。

 反思問題

1. 你的學生在何時、何地學習如何辨識和命名自己及他人的情緒？你如何擴展學生的情緒詞彙？

2. 你可以運用哪些方式將情緒自我調節融入你的教學內容中？

3. 在你的學校和學區裡，有哪些支持系統可以幫助那些需要更多引導以發展更好的衝動控制能力的學生？

4. 你可以在哪裡找到資源，幫助你創造機會來擴展學生的延宕滿足能力？

5. 你會注意哪些徵兆來觀察學生的壓力程度？當你看到或聽到這些跡象時，你會如何回應？請一位同事對你的教室進行環境檢查，看看是否存在可能造成學生壓力程度升高的物理因素和聽覺因素。

6. 你觀察到學生使用了哪些適應良好型和適應不良型的因應技巧？

融入式社會情緒學習

Chapter 4

認知調節

後設認知｜注意力｜
目標設定｜覺察和解決問題｜
尋求協助｜做決定｜組織技能

　　三年級的學生芬恩（Finn）興奮得在座位上動來動去。再過幾分鐘，他就要上台去做他花了整整一個月準備的多媒體報告。在這所沉浸式雙語學校，這個任務要求他和同學自己選擇一個國家，運用第二語言準備並發表這個國家的報告──對這些小男孩和小女孩來說，這似乎是一個非常艱鉅的挑戰。

　　芬恩針對哥斯大黎加進行了研究，也準備好了報告。在他等待上課開始時，他回想起自己所採取的步驟。

　　回到當初老師宣布這個任務的時候，他和父母分享了老師提供的截止日期和任務安排表，並告訴他們，他想要在春假前完成大部分的工作──春假期間他將在祖父母家度過。芬恩發現自己不太熟悉他想用來當作平台的數位說故事應用程式，所以就請哥哥教他一些有關這個程式的技術細節，例如如何嵌入影片。在課堂上的一次上網研究中，在尋找哥斯大黎加的國旗圖片時，他得知這個國家即將在幾天後舉行總統選舉。芬恩在老師設立的線上計畫文件中做了一個註記，提醒自己要查看選舉結果，這樣才能報告關於這個國家的最新資訊。然後，在接下來的幾週當中，他和一位同伴互相檢查彼此正在進行的報告並提出回饋。他們微調了報告內容，練

習口頭報告，確保能在五分鐘內完成。芬恩覺得，要確保報告既不太短也不太長，挺困難的，但他對自己完成的報告很有信心。他學到了很多，現在他準備好要分享了。

芬恩的成功在很大程度上歸功於他的認知調節能力。他為自己設定了一個目標（即在春假前完成大部分的計畫），尋求幫助，並使用組織工具來追蹤進度。他並非獨力完成，芬恩的老師對於他計畫的成功也扮演了重要的角色。然而，在許多學校中，計畫、組織和創造是留給孩子（或家長）自行負責。在這種情況下取得成功的學生，往往被老師視為「有能力」、「有動機」或「很成熟」，而且他們的成就常常被歸因於人格特質，而非清楚明確的技能精熟。

芬恩和他的同學很幸運能有一位對此了解頗多的老師，她創造了情境條件，讓學生們能夠學習和練習認知調節的技巧，透過：

- 制定一個時間表，中間放入檢核點，幫助學生衡估自己的進度，並且把這個大任務分成較小的部分。
- 示範她在處理、計畫和完成一個大任務時的思考。
- 培養一個助人的環境，支持學生做決定。
- 建立工作夥伴關係，鼓勵同儕之間的回饋。
- 與家庭溝通計畫的細節，讓家長能夠參與計畫的過程。

換言之，芬恩的老師將社會情緒學習的原則，特別是認知自我調節，融入到學科教學裡面。正如我們在前面幾章提到的，當 SEL 被侷限為一個獨立的課程計畫，幾乎沒有融入周遭的課堂環境時，達成計畫目標的可能性就會降低（Jones et al., 2017）。在本章，我們探討的是與教師每天都在從事的學科教學最密切相關的 SEL 能力，聚焦在你可以採取哪些行動

來培養學生的認知調節能力。

◑ 認知調節的定義

我們已經探討過情緒自我調節，它和認知自我調節有一些相似之處。**自我調節的學習**（self-regulated learning），一般指的是聚焦在特定目標的策略性、有目的的、後設認知的行為、動機和認知。「學生在自己的學習過程中，如果能夠在後設認知、動機和行為上都是積極主動的參與者，就可以說他們是自我調節的學習者。」（Zimmerman, 1989, p. 329）換言之，認知自我調節要求學生做出有助於他們學習的行為，他們對自己的學習承擔起更多的責任，並且積極主動地參與教師使用的過程和策略。

Zimmerman（1989）也指出自我調節的學習者所使用的特定策略的價值，以他的話來說：「自我調節學習策略是旨在獲取知識或技能的行動和過程，涉及學習者的自主能動性、目的和工具性感知。這些策略包括組織和轉化資訊、自我評估後果、尋求資訊、詳細複述或使用記憶輔助工具等等的方法。」（p. 329）

所有的認知調節都仰賴一個人對自己的認知處理過程的覺察，所以，很合理的，**後設認知**技能就是我們探討的起點。

◑ 後設認知

研究顯示，兒童在三歲時可能就開始發展後設認知的知識（Marulis, Palincsar, Berhenke, & Whitebread, 2016）。後設認知通常被理解為「思考自己的思考」，但更完整的理解是後設認知包含三個部分的技能組合：有能力 (1) 辨識自己和他人的思考，(2) 考慮完成一項任務所需要的行動，以及 (3) 找出執行這些行動可能要使用的策略。例如，具有初步後設認知能力的幼兒園孩子，可以回答他們如何完成拼圖的問題，告訴你是什麼因

素讓這個任務變得比較容易（例如，如果所有的拼圖片都是不同顏色或相同顏色），並且告訴你他們運用什麼策略完成任務（例如，查看拼圖盒上的照片、按顏色來分類拼圖片、從拼組四邊的拼圖片開始）。這種監控和指揮認知處理過程的能力對於任何年紀的學習者都至關重要，而且它和各個學科領域專業知識的發展密切相關（Sternberg, 1998）。舉個例子，想一想後設認知如何影響教學熟練度，是後設認知讓我們能夠計畫和監控每一節課的進行，並且反思過去的課程，以利未來的課程能夠「排除錯誤」（Jiang, Ma, & Gao, 2016）。

我們可以透過教學具體明確地培養後設認知能力。廣為人知的一個技巧是交互教學法（reciprocal teaching），它為閱讀者提供了一個操作程序，用以計畫、監控和反思自己對文本的理解（Palincsar & Brown, 1984）。老師先在文本當中標示幾個停頓點，將文本分成幾個部分，學生分組閱讀文本，在指定的停頓點暫停，討論這部分的內容以建立共同的理解。這個操作程序要求學生共同：(1) 摘要讀到的內容，(2) 互相提問問題，(3) 提供澄清訊息來幫助別人，以及 (4) 對下一部分的文本形成預測。

交互教學法已經累積了很可觀的成功紀錄，而且可以運用在二年級這麼年幼的學生身上。值得注意的是，與交互教學法相關的閱讀理解能力提升，並非歸因於學生閱讀文本的內容，而是這套操作程序的後設認知提示因素。Hattie（2009）對交互教學法相關研究進行的後設分析顯示，它對學生的學習效果量為 .74，遠高於一整年學校教育造成學業進步的 .40 效果量（有關效果量的討論請參見第一章）。這些數據有力地證明後設認知值得教導，而且，當後設認知教學融入課堂常規教學活動中時，其效果最為顯著。

三年級教師胡安·科爾特茲（Juan Cortez）在教學中融入讓學生進行後設認知思考的機會，其中有一部分是他會示範自己的後設認知過程，他每天都會放聲思考，和學生分享他對於學生正在學習的內容的反思。例

如，在朗讀一個有關關係緊張的友誼故事時，科爾特茲老師停下來說：

> 我看到朋友彼此之間會做出善意友好的行為，我也看到朋友在傷害
> 對方感情時會道歉。我打算列出我在這本書裡學到哪些關於朋友的
> 事情，然後和另一本書裡學到的進行比較。接下來，我會思考在這
> 些事情當中，我自己做了哪些。

科爾特茲老師也提供機會讓學生進行自己的後設認知思考。他的教室
裡掛著一張海報，列出了學生可以練習的後設認知行為的例子，包括：

- 找出你的已知。
- 摘要你學到的新知。
- 和別人溝通交流你的知識、技能和能力。
- 設定目標並監控你的進度。
- 評估和修改你的作品。

科爾特茲老師在學年初發給每個學生一本小小的「個人目標」筆記
本，讓他們記錄自己想在校內和校外達成的目標，並且反思他們的學習。
科爾特茲老師班上的學生麥蒂森（Madison），這樣描述她寫筆記的經驗：

> 我在思考我的進展，我想把它寫下來，這樣我就不會忘記。我有一
> 個目標是學會透過模式（pattern）來解決問題。起初我不太會，但
> 今天我做到了。我進步了，因為我找出了模式，我還向科爾特茲老
> 師要求再給我一道練習題，看看我是否能再次做到。

在這個例子中，我們看到麥蒂森進行後設認知思考，而且隨著學習的
過程逐漸成為自我調節的學習者。當然，她仍然需要老師引導學習和提供

策略，但她對自己的思考負起更多的責任，而且，正如她渴望嘗試她的解決方法所顯示的，在這個過程中，她的學習動機也提高了。

注意力

隨著「思考自己的思考」的能力增長，引導自己思考來改變行為的能力也隨之而來，專注力就是這種導向性思考的一個典型例子，而且它在課堂上的價值明顯可見。當學生升上更高的年級或學校，他們需要維持注意力的時間就越來越長，有時候也需要在一些他們可能覺得單調乏味的情境中（例如教師講課、長時間的閱讀和寫作任務）維持注意力。傳統的觀點認為學齡期的學生通常可以維持注意力五到十分鐘，不過要注意的是，專注時間的長短會因任務而相對有所不同。找個時間觀察一個孩子全神貫注在充滿內在動機的任務的樣子，你會讚嘆他對這項活動可以如此投入。

事實上，任何人的持續注意力都會因為間歇性的失去焦點而被中斷。有些事似乎不知從哪裡突然冒出我們的腦袋，於是我們就會分心偏離任務或主題。因此，維持注意力的技巧並不在於延長一個人的注意力時間長度，而是在於失去注意力以後選擇重新回到任務上，這包括注意到注意力何時減退，並且有策略能將注意力完全拉回來。這些策略可以很簡單，像是把突然冒出腦袋的東西寫在便條紙上，然後回到手邊的任務，或是深呼吸和重新聚焦。

成年人慣常使用各種策略來幫助自己維持注意力和持續努力，例如，當你有一個任務需要完成時，設定計時器可以很神奇地幫助你專注。我們常常對我們寫作課的學生講述安東尼・特羅洛普（Anthony Trollope）的故事，這位維多利亞時代的多產作家會設定十五分鐘的計時器，挑戰自己在這段時間內寫下二百五十個字。特羅洛普每天清晨都會保持這樣的節奏寫作三個小時，然後再去郵局的工作崗位報到。他認為堅持這樣的例行寫

作是他能在三十五年內創作四十九部小說的原因（Trollope, 2014）。

當然，特羅洛普並未面臨手持數位裝置持續的誘惑。過去十年來，站在國中或高中學生面前教學的人，一定很熟悉老師必須為了學生在課堂上使用智慧型手機而向學生宣戰的場面。問題究竟有多糟糕呢？Rosen（2017）研究有關青少年在計時十五分鐘讀書時間裡的行為，提到研究人員灰心地發現：青少年實際投入讀書的時間平均不到十分鐘，超過三分之一的指定讀書時間迷失在社交媒體和查看手機上。要不是同一研究也發現，當學生知道每讀書十五分鐘以後會有一分鐘的「查看科技」時間，他們保持學習注意力的比率提高許多，不然這樣的研究結果真是令人十分沮喪。

讓我們來思考一下發生了什麼事。對這些青少年而言，真正讓他們分心的並不是科技——擁有智慧型手機，而是內在的焦慮，害怕錯過訊息的擔憂。當他們知道稍後可以查看手機，他們就會覺得不太需要這樣做了。換言之，改變環境的條件來減少學生的焦慮，可以增加他們的注意力。

這是很重要的洞見。雖然我們無法直接教導注意力，但教師確實對於促進或干擾學生的注意力的環境條件有相當大的影響力。例如，寧靜的環境有助於進行考試、閱讀、寫作和其他學業任務。我們知道這一點，但我們的學生知道嗎？要確定的唯一方式就是教導他們。

六年級科學教師雅思敏・法哈德（Yasmin Farhad）在中樞神經系統的課程中融入了有關生理影響注意力的知識，她教導學生如何創造有利於他們的學習環境。「我們談到注意力以及大腦如何運作，特別是額葉和頂葉部分。」她說：「我還將這些知識延伸到他們的閱讀習慣上。我們討論了做科學作業時戴著耳機聽音樂是不是好點子，他們將這個問題連結到他們正在學的大腦知識。」對法哈德老師來說，在她的科學課學習認知調節是一個很自然的結合，學生們正在學習有關社會、物理和生物世界的知識。「我刻意觀察他們應用科學知識來增進對自我認識的方法。每位學生都掌

握的一個概念是什麼？那就是：多工處理是不可能的！而且他們可以從生物學的角度來解釋為什麼那是不可能的。」

教師的後設認知對學生的注意力也會產生一定的作用。專家教師能夠觀察學生是否出現煩躁不安和失去注意力的跡象。而且，他們不會針對學生個人的外在行為，指責這是不尊重的表現，也不會將注意力不集中歸咎於學生性格上的缺陷。相反的，他們會調整步調節奏和活動，常常結合一些身體運動和溝通交流。年幼學生的教師可以宣布這些是「腦袋休息時間」，讓學生起來唱唱跳跳「抖掉無聊」（shake the sillies out）。年齡較大學生的教師可以帶領學生做呼吸運動以重新集中注意力，或者進行短暫的夥伴聊一聊活動。

這樣的暫停普遍被認為是優秀的班級經營技巧，但你可以且應該善用它們來讓學生意識到自己可以學習調節注意力。配合這些休息時間，提醒學生這麼做的目的（例如：「我們這樣做是為了讓你重新集中注意力」），有助於學生更加覺察「監控自己的狀態並在必要時採取行動改變它」的重要性。

例如，教美國歷史的老師伊芳・梅森（Yvonne Mason），在她的教室裡使用「思考—配對—四人分享」（Think-Pair-Square）技巧，幫助學生重新將注意力集中在學習上。首先，給予一段安靜的時間來反思一個問題或主題；然後學生和一位指定的夥伴分享想法，之後每對夥伴再加入另一對夥伴，變成四人小組分享他們的見解。梅森老師指出：「這些簡短的對話讓學生有時間去處理學科內容，並與他人交流、檢視他們的思考。我發現他們關注學習內容的時間變得更長，學得更多，也發展出專注的技能或工具。」這個三步驟的例行程序為學生提供了時間和空間來思考複雜的想法，還有同儕學習績效責任（peer accountability）的附加好處。獨自思考*以及*與他人合作思考的習慣是學校和生活中有用的技能，也可培養堅持解決問題的毅力，而不是在不容易求得答案的時候就轉身放棄。

🔵 目標設定

你聽過有人形容學生「缺乏動機」嗎？也許你就曾聽過有人說**你**「缺乏動機」。當然，你一定能夠回想起至少一次在面對任務時自覺缺乏動機的情況。

也許你確實有一些很好的理由來解釋你為何缺乏動機。（本書作者 Nancy 對學習熱瑜伽這件事就興趣缺缺，而 Douglas 最近則是對熱瑜伽很感興趣。）然而，動機低落通常可以歸結到一個事實：對於這項活動，你沒有任何目標。Douglas 已經設定了關於瑜伽的個人目標，要在每次練習時逐步改善二十六個瑜伽姿勢，而且他將這項練習視為提升跑步能力的一種途徑。此外，Douglas 的瑜伽教練是他應該如何做出每個姿勢的模範，他也監控著自己是否逐步朝設定的目標前進。簡而言之，一個人的動機，或缺乏動機，在很大程度上是由一個人的目標來點燃的。

這給教育者帶來了一個挑戰，因為不像成年人可以選擇參與某些活動而避免其他活動，學生通常被期望要參與我們為他們設定的所有任務。無論他們是否覺得這些課程特別有趣，他們都必須整天待在學校上課。由於動機是多變的，而且受個人目標的影響，因此希望培養學習動機的老師必須幫助學生建立學業學習的目標和監控進展。

不過，談到對學習的影響力，並非所有的學業目標都是生而平等的。讓我們進一步來看看表現目標（performance goals）和精熟目標（mastery goals）之間的差異。

表現目標

有些目標與學生相對於他人的地位有關，而不是為了學習而學習。這些**表現目標**通常帶有社會比較的成分，因為它們涉及將自己的表現與他人的表現進行比較。表現目標的一個好例子是追求 4.0 的學業成績平均積點

（GPA）。當然，設定這個目標的學生可能是為了幾個好理由而認真努力要達成它：也許她想成為班上的「畢業生致告別辭代表」（valedictorian，第一名擔任），她知道班級排名影響大學錄取，她也知道她的父母重視優秀的成績。但追求表現目標可能要付出代價，為了取得最高排名的激烈競爭，她可能必須放棄管弦樂課程，轉而選修有加權的大學先修課程（AP）。

這是作者 Nancy 的女兒在高中畢業時面臨的兩難困境。在她高三結束時，她和另一名學生的 GPA 並列第一。她已經計算出為了成為「畢業生致告別辭代表」，她需要修習一定數量的 AP 課程，但這麼做代表她無法選修第四年的管弦樂課程，那是她很愛的一門非加權課程。最終，Nancy 的女兒決定繼續留在管弦樂課程，並毫無遺憾的以「畢業典禮致歡迎辭代表」（salutatorian，由第二名擔任）的身分完成了高中學業。她後來表示：「這讓我在生活非常忙碌的時期能夠繼續演奏小提琴，我多了一年時間把演奏技巧練得更好。」Nancy 的女兒進入了一所好大學，並在大學樂團中演奏（「是為了樂趣，而不是競爭」），同時取得了電腦科學學位。

表現目標本身並不壞，一個人有表現目標取向也不壞，實際上這是很人性的——反映了一個人對成就、認可和自尊的自然渴望。但是，當一位學生的目標主要是表現本質時，實際上可能會對學習有害。表現目標導向的學生通常表現出較高的焦慮程度，部分原因是他們總是掛慮著要讓自己「看起來很聰明」，不希望被視為「笨蛋」。在最壞的情況下，表現目標導向可能會抑制冒險精神，我們是否都曾遇過刻意選修較簡單的課程的學生，因為他認為這可以確保取得 A 的好成績，而不願意在較難的課程中擴展、提升自己的能力？這是**逃避表現目標**（performance-avoidance goal）的一個例子，因為學生試圖避免在更具挑戰性的課程中表現得比其他同學差。

精熟目標

不同於表現目標，精熟目標聚焦在學習本身——而且是不管他人的表

現如何，就是想達到個人的最佳狀態。擁有精熟目標心態的學生在學習路上會更有心理韌性和堅持力，對學校抱有比較正向的態度，將自己的成功歸功於努力，也會更有效地運用認知和後設認知技能（Midgley, 2002）。

我們為自己設定的許多目標都是精熟目標。例如，很有可能你正在閱讀專業書籍以強化你的教學，你追求的可能不是成為年度最佳教師，但你確實希望今年的你比去年的你成為更好的老師。表現目標和精熟目標之間的差異就像想要得到 A 的西班牙文成績和學習說西班牙文之間的差異，我們並不是說取得好成績是沒有價值的目標——只是想說，關鍵是要強化精熟目標導向，讓它和已經存在於學校教育裡的表現目標並存。

一項針對十三到十五歲的自然科學學生的研究指出，這樣做會產生持久的正向影響（O'Keefe, Ben-Eliyahu, & Linnenbrink-Garcia, 2013）。這項研究對這些學生進行一整學年的調查，發現他們持有的大多是表現導向的目標。後來，同一批學生參加了為期三週的暑期科學充實方案，這個方案的結構設計是要營造一個「精熟目標導向的環境」，主要特色在於課程經驗會結合學生表現出來的興趣來發展，鼓勵他們進行智識上的冒險和探究（例如，教師會問學生：「你怎麼想？」而不是提供答案）；提供形成性和總結性的回饋，焦點放在學生的學習過程和策略運用，而不是他們達成的學習成果；並且營造了一個社會建構的學習環境，鼓勵友誼、同儕合作和相互情緒支持。在這個暑期方案結束時，再次對參與者進行調查，發現他們已經從表現目標導向轉變為精熟目標導向。

是的，這就是學習環境的結構會影響學生的目標的證據，但真正有趣的是，當同一批學生第三次被調查，這時早已進入下一個學年，就算當前的學習環境是表現目標導向，他們的精熟目標導向仍然持續存在。這裡的重點是，採納和強化一系列對精熟目標的信念，會成為學習者內在特質的一部分。

那麼，老師們要如何設計學習環境的結構來強化學生的精熟目標導

向？相對於公開展示學生的閱讀表現程度這種鼓勵競爭、社會比較和表現目標導向的做法，或許可以設立一個布告欄，供學生回報他們正在運用什麼策略來提升自己的閱讀能力（例如，和朋友一起選擇一本書來閱讀和討論，朗讀給弟弟或妹妹聽）。在給予學生形成性回饋時，記得永遠要納入精熟目標，像是討論學生「個人最佳」的成就、回顧學生在小考和大考當中的成長軌跡。你也可以調查學生的興趣嗜好，並創造學習機會來利用學生現有潛伏在表面下、等待被發掘的精熟目標。

或許，鼓勵精熟目標導向的最重要方式是你自己也採用精熟目標並示範給學生看。在老師自我調節自己的學習和他們的教室存在精熟目標導向環境的可能性之間，存在著顯著的相關性（Gordon, Dembo, & Hocevar, 2007）。這也反映了其他研究發現的結果：老師教學的方式和他們本身學習的方式是一致的。請務必和學生分享自己學習新事物的經驗以及你選擇這麼做的原因。作者 Dominique 從事槳板運動，他常常和學生談到他為了提升自己的技能正在做什麼努力，將精熟目標放在對話的核心。這也讓他有機會討論心理韌性（參見第三章）是面對挑戰時能讓自己堅持下去的能力。

諾亞・羅德里格斯（Noah Rodriguez）積極地和他七年級自然科學課的學生一起進行目標設定，帶領他們走過這個過程：檢視前測的結果、根據該結果制定個人目標、決定達到精熟的證據。以下是學生設定的一些證據導向的目標：

- 每次運用資料來源時，我都會正確引用我的證據。（安柏）
- 我會找到適合我的主題的證據。（佛萊迪）
- 我會收集準確的資訊，並且記錄我收集資料的過程。（奧莉薇亞）

正如這些例子所示，你幫助學生設定的目標應該要能適合他們的發展程度，而且隨著學生持續的進步，他們應該經常有機會回顧和更新他們的目標。

🔵 覺察和解決問題

認知調節的另一個關鍵元素是學生覺察和解決問題的能力。本章一開始介紹的三年級學生芬恩，他覺察到要按時完成計畫，需要面對一個問題：他將在祖父母家度過一週的春假。他的解決方法是提早開始做作業，讓他在離開家之前完成大部分的工作。在解決問題時，芬恩運用了幾個處理過程，同時也得到別人的支持協助。

解決問題必然始於覺察問題的存在，這是經驗和專業能力的功用；我們學會預估問題的存在，部分原因是因為我們曾經犯了錯誤。這是成長型心態研究的一個重要前提，特別是當人們有機會反思導致失敗嘗試的原因時，他們就可以「在失敗中前進」（fail forward）。芬恩以前可能有過等到最後才開始做作業的經驗。我們記得作家安・拉莫特（Anne Lamott, 1995）描述她哥哥有過類似的經驗，以及他們的父親隨後給哥哥的明智建議：

> 三十年前，當時我哥哥十歲，他正試著完成一篇關於鳥類的報告，之前他有三個月的時間可以寫，但拖到現在，隔天就是繳交的期限了。那天，我們在加州博利納斯（Bolinas）的小屋度假，他坐在餐桌邊，眼淚快要掉下來了，周圍擺滿了活頁紙、鉛筆和未開封的鳥類書籍，他被眼前這項龐大的任務嚇呆了。然後，我父親在他身旁坐下來，把手臂搭在我哥哥的肩膀上，說道：『一隻鳥接著一隻鳥，伙計。只要一隻鳥接著一隻鳥寫就對了。』」（p. 19）

確實，犯錯是一種艱難的學習方式，但它有助於問題覺察，尤其是在看到熟悉的模式時（「嘿，這種情況就跟我幾個月前遇到的一樣！」）。這種在新情境中覺察問題和應用解決方法的能力，是衡量一個人是否能夠遷移應用知識的指標（Perkins & Salomon, 1992）。我們在團隊運動的頂尖

運動員和世界級國際西洋棋手身上看到同樣的能力，他們似乎能預期場上比賽的發展或一個棋步的後果，並在實際發生之前就提前做出應對，快速調整策略來解決問題。同樣的，這也是模式辨識（pattern recognition）在發揮作用。

兒童和青少年通常需要支持和指引來覺察和解決問題。對他們來說，學業或社交上的困難挑戰看起來像是會把他們淹沒，因而產生不知所措的無力感。當然，這也暗含發展上的差異，幼小的孩子學習道歉的力量，作為一種挽回局面的方式，這對他們是有幫助的，但隨著孩子逐漸長大，他們面臨的問題往往變得更加複雜。

在我們服務的學校，老師們按照一套解決問題的流程，幫助學生發展出一個計畫去應付那些看起來他們無法自己解決的挑戰：

1. 聆聽學生對問題或任務的描述。
2. 提出澄清型的問題，幫助學生區分核心的問題或任務，以及其他併發的複雜問題或干擾因素。
3. 根據你的理解重新陳述問題或任務，並將它寫下來。
4. 詢問學生應該要先做的**第一件**事情是什麼，接著下一件應該要做的事情，再下一件。
5. 寫下學生提出來的想法。
6. 如果學生卡住了，提供一些可以如何開始的想法。
7. 和學生一起擬定後續追蹤進展的計畫，看看他是否將計畫付諸行動。（Fisher et al., 2012）

以十年級學生艾莉爾（Ariel）為例，她在平衡課業負荷量上遇到了困難，許多作業的進度落後，但她選擇避開老師，而不是尋求解決方法。過了一段時間之後，她覺得重新回到正常軌道似乎是不可能的了。但是，和導師進行一次對話之後（按照前述的流程），讓艾莉爾開始與每一科老

師討論，發展出一個補救計畫，重新協商兩項作業並趕上其他作業進度。

　　同樣的流程可以用來幫助學生試著解決課堂上的複雜問題（艾莉爾的數學老師一直使用這套流程），它是很有力的工具，因為它明確示範如何規劃出多步驟的解決方法。

尋求協助

　　具有良好認知自我調節能力的學生能夠分辨哪些問題可以靠自己解決，哪些問題（或在努力解決問題的過程中的哪個時機）他們需要協助才能解決。

　　何時應該尋求協助以及何時應該避免協助的敏銳洞察力很重要，特別是當我們想到，每次遇到困難或挑戰都尋求協助的孩子，無法培養出堅持到底和成為獨立學習者所需要的心理韌性與恆毅力；或是那些一直拒絕接受協助的孩子（即使是在教師明知唯有尋求協助才能通往成功的時候），會讓他們自己和教導他們的人都感到挫折沮喪。這種敏銳洞察力的重要性就明白顯現出來。

　　善意的成年人可能在不知不覺中造成上述兩種問題。以「習得無助」（learned helplessness）為例（Maier & Seligman, 1976），其中的關鍵詞是「**習得**」，習得無助是透過他人和環境的教導而形成的。可能是老師總是給答案而不是提供鷹架，或是老師為了避免學生苦苦掙扎而過於迅速、頻繁地介入。

　　讓我們來比較兩則教室對話：

學生：government（政府）怎麼拼？
教師：Ｇｏｖｅｒｎｍｅｎｔ。

學生：government（政府）怎麼拼？

教師：讓我們來想一想，因為我相信你知道的比你自己認為的要多。government 的字根是什麼呢？

學生：Govern。

教師：你說對了！你能拼出來嗎？試著寫在一張紙上。〔學生寫下字根 govern。〕那字尾是什麼？把它也寫下來，看看是否正確。〔學生加上字尾-ment。〕你覺得對嗎？

學生：我覺得對。

教師：你答對了！當我需要寫一個我不確定拼法的字彙時，我也會使用同樣的策略。我會想一想我對這個字彙已經知道的部分，然後把它寫下來，看看是否正確。

簡單的告訴學生正確的拼法確實很便捷，我們所有人在不同場合都做過這樣的事。坦白說，如果提問這個問題的學生是一年級的孩子，我們大多數人可能都會直接提供拼法。但如果這是年紀較大的學生，已經至少具備一些知識卻未加以運用，那麼採用第二種方法——問題解決法——是更好的選擇，讓學生有能力運用自己的認知資源，而不是教他不需要靠自己想出拼法，或讓他認為自己沒有能力想出來。我們的學生並非無助，而且重要的是，我們不要教導他們變得無助。

在光譜的另一端，則是有些學生在明明需要協助的情境下卻拒絕接受協助。想像一個學步期的小孩在地板上打滾，堅持要自己穿上雪靴，就算他缺乏做這件事情的動作技能。

你可能挺熟悉這種行為的另一個版本，就是學生抗拒利用別人提供的資源來幫助他們。這樣的情景我們並不陌生。我們服務的學校提供許多輔導機會，協助學生完成家庭作業、趕上落後的進度、準備考試和重做第一次沒成功的工作，我們稱之為**學業補救**（academic recovery），並積極推

廣使用。然而，總會有一些學生，就算面臨無法完成作業和無法精熟學科內容標準的狀況，還是拒絕這種協助。

交織在他們拒絕協助當中的是各種不同的個人傾向和習慣，包括迴避工作、否定、對有情緒壓力的狀況做出的自動反應。要引導他們轉向具有建設性的尋求協助之路，可能需要整個團隊的合作努力，包括提醒他們學業補救機會的老師、與他們進行個別會談的行政人員，以及願意出一份力的家庭成員，鼓勵他們慢慢發展出更有成效的習慣。這項工作並不容易，但如果我們希望學生能夠堅持下去，我們也必須堅持下去。

培養學生能夠判斷何時他們可以獨立解決問題，何時需要（而且應該接受！）協助的決策能力，值得成為一個明確的教學目標。我們贊同Sapon-Shevin（1998）所提出的**協助課程**（helping curriculum）。她認為，所有學生都需要學習四個方面的協助。實際上，我們想要更進一步地說，學生不僅需要學習這四個方面，而且精熟它們對於成功的個人和成人職業生涯是核心必要的。每個人都需要精熟這四個問題解決的基本技能：

1. 如何尋求協助。
2. 如何提供協助給別人。
3. 如何接受協助。
4. 如何在你尚未準備好時禮貌地拒絕協助。

四年級教師大衛・格林菲爾德（David Greenfield）認為「協助課程」有助於建立支持情緒的教室氛圍，使學生能夠茁壯成長：「我在開學的第一天介紹了這個課程，我們從一些短短的課開始，了解每種行為看起來和聽起來是什麼樣子，而後在我們閱讀的書籍和文章裡如果有相關的內容，我就會運用這些行為來跟學生討論人物角色所做的決定。」他的學生注意到，文本裡的問題或解決方法通常都可以和這些想法產生連結。例如，小說 *Maniac Magee*（Spinelli, 1990；中文版《瘋狂麥基》，浙江少年兒童出

版社）成為了持續探討協助的對話基礎。「在閱讀整部小說的過程中，我們一直列出主角正確或錯誤實踐這些協助想法的例子，」格林菲爾德老師說。他注意到，協助已經成為教室裡常用的語言。「當一位學生卡住時，我聽到同學們提示彼此想一想關於協助的問題。我經常聽到的是：『你需要我幫忙嗎？還是你還在努力解決中？』」格林菲爾德老師說：「聽到他們以這樣支持彼此的方式交談，真是太棒了。」

◐ 做決定

　　解決問題的能力和做決定直接相關。嵌套在解決問題當中的是思考不同的可能性或方法路徑，選擇其中一個，然後採取行動的能力。能夠同時掌握兩個不同的概念並思考每個概念的能力，稱為**認知彈性**（cognitive flexibility），它展現在像是這些學業任務上：能夠比較和對照不同的理論、提出各種假設、進行後果思考以找出原因和影響（Jones et al., 2017）。

　　要發展認知彈性，學生需要有機會做決定。幼兒可以每天投票選擇老師要朗讀兩個故事中的哪一個故事。小學生可以比較和對照歷史敘事與現代作品對航海家哥倫布的刻畫描繪有什麼差異，並且就這個主題進行辯論。我們的一位國中同事一直持續使用英文拼字遊戲 Scrabble，與全班學生比賽拼字，藉此和學生討論他們正在應用的策略。高中生可以研究以南方邦聯軍將領來命名的學校，並寫信給立法者表達他們的意見。

　　建立良好的做決定能力也需要學生練習反思和評鑑自己所做的選擇。高中解剖和生理學教師梅格·諾頓（Meg Norton）利用 *Guinea Pig Scientists*（Dendy & Boring, 2005）當中摘錄出來的章節，來討論那些把自己當作實驗白老鼠的科學家所做的決定。「當我們研究傳染病週期時，我們閱讀並討論丹尼爾·卡里翁（Daniel Carrión）為了研究巴通氏菌而選擇在自己體內注射巴通氏菌，是否為明智之舉？」她說。「劇透一下：他死了。事後看來，我

們可以輕易地說這是一個糟糕的決定，但我希望他們想一想他當時是如何做出這個選擇的。」學生們進行全班討論，假想他們是卡里翁，依據他當時的理解列出一張贊成和反對的清單，同時也另外列出一張他不知道的事情的清單。「有時候，就是因為我們不知道自己不知道些什麼，才會導致我們以正當的理由而做出糟糕的決定。」諾頓老師告訴學生。

⊙ 組織技能

當學生意識到自己不可能將應對學校所需的全部資訊都記在腦中，這是他們生活中的重大轉捩點。他們需要寫下各種事物並規劃流程，他們需要讀書複習以掌握概念。換句話說，他們需要運用組織技能。

慶幸的是，幫助學生發展組織技能的鷹架輔助工具相對常見——相較於本章提到的認知自我調節的其他構成要素，這方面的輔助工具實在多了許多，包括實體和數位的組織輔助工具，如檔案夾和筆記本，讓學生了解整理資訊和素材可以讓檢索變得更加容易；工作計畫表；教師自製的檢核清單和時間表，幫助學生規劃和修訂更複雜的學習計畫，像芬恩完成哥斯大黎加的報告所使用的工具。

成人世界裡組織輔助工具無所不在，這提醒了我們：人們在發展組織技能的速率和精熟程度上存在著極大的差異。不過，一般而言，國中階段大概是我們能看到學生在認知自我調節的組織能力上出現分界線的時期，有些學生已經發展出一定的組織能力，有些學生則否。在學習技巧（study skills）方面，這分界線尤其明顯，而學習技巧是組織技能的一個重要成分。

Hattie（2009）將學習技巧分為三類：

- **學習任務**，例如摘要筆記和組織概念。
- **後設認知**，特別是進行自我提問和監控自己的學習。
- **個人特質和動機**，例如設定目標和計畫。

整體而言，學習技巧的效果量是 .63，代表它們對學習具有相當大的影響力。本章已經討論了其中許多要素，但值得注意的是，能夠獨立運用每個要素的能力是關鍵——事實上，這是認知調節的一個重要結果。

　　想要同時建立特定的學習技巧和一般的組織技能，一個簡單的方法就是讓學生注意到它們的存在。圖表 4.1 是根據 Gordon 及其同事（2007）研發的問卷改編而成，旨在幫助中學生評估對自己組織和學習技能與傾向的了解程度。我們重新安排了題目的順序，以突顯題目之間是如何分類。

圖表 4.1　學習過程量表

針對每道題目勾選 1～5 的等級，選擇一個最能描述你的學習方式的答案。					
自我監控	從來沒有		有時候		總是如此
小考或段考之前，我會計畫如何複習教材。	1	2	3	4	5
對我來說，建立各科的學習目標是容易的。	1	2	3	4	5
我對於自己想在各科達成什麼目標有清楚的想法。	1	2	3	4	5
閱讀一道題目的時候，我會先確認我知道這道題目要求我做什麼，再開始解題。	1	2	3	4	5
在真正開始解題之前，我試著在心裡先組織出一個方法。	1	2	3	4	5
讀書的時候，我會筆記我已經精熟或尚未精熟的教材內容。	1	2	3	4	5
我會好好組織安排我的讀書時間。	1	2	3	4	5
解完一道題目以後，我會檢查我的答案，看看是否合理。	1	2	3	4	5
做完練習題以後，我會檢查裡面的錯誤。	1	2	3	4	5
深度學習策略	從來沒有		有時候		總是如此
我會做練習題來檢核自己對於新概念或規則的理解。	1	2	3	4	5

在解題時，我會分析題目，看看是否有不只一種的方式可以得到正確答案。	1	2	3	4	5
在讀書的時候，我嘗試以新的方式組合不同的資訊。	1	2	3	4	5
我會畫圖或以圖示方式來幫助我解決問題或將新資訊組合在一起。	1	2	3	4	5
在讀書的時候，我會練習同一問題類型的幾個不同例子，讓自己更深入了解這類問題。	1	2	3	4	5
我會檢視已經做過的例題，幫助我弄清楚要如何自己做類似的問題。	1	2	3	4	5
在開始解題之前，我會先將問題分類。	1	2	3	4	5
淺層訊息處理	從來沒有		有時候		總是如此
我試著記住文本或課堂上呈現的解題步驟。	1	2	3	4	5
準備考試的時候，我會複習我的課堂筆記和解過的問題。	1	2	3	4	5
讀書的時候，我利用筆記或課本裡解過的題目來幫助我記住解題步驟。	1	2	3	4	5
堅持力	從來沒有		有時候		總是如此
如果我很難理解一個問題，我會再看一遍，直到我理解為止。	1	2	3	4	5
寫家庭作業遇到難題時，我會放棄，繼續做下一題。	1	2	3	4	5
環境結構安排	從來沒有		有時候		總是如此
我會安排布置一個不受干擾的讀書環境。	1	2	3	4	5
我把自己與任何讓我分心的事物隔離開來。	1	2	3	4	5
我在一個能讓我集中注意力的地方讀書。	1	2	3	4	5

資料來源：經授權同意改編自 "Do Teachers' Own Learning Behaviors Influence Their Classroom Goal Orientation and Control Ideology?" by S. C. Gordon, M. H. Dembo, and D. Hocevar, 2007. This article was published in *Teaching & Teacher Education, 23*. Copyright Elsevier, 2007.

在開學的第一個月，七年級數學教師胡安・卡洛斯・魯伊斯（Juan Carlos Ruiz）進行此種量表的調查，讓學生想一想他們的學習過程。「今年要介紹給他們的數學是初級代數，他們必須在課外花時間來練習和精熟才行，」他說道。「這個年紀的許多孩子還卡在只要記住算法就能順利解題的想法上，但是我需要他們用數學思考。」班上學生以數據做了幾則數學運算，包括集中趨勢的量度（即平均數、中位數、眾數）。最重要的是，他們討論數學思考者的習慣。「我們在十月初舉辦返校之夜（Back-to-School Night），我要求學生準備一份簡短的報告，內含他們的學習成果以及對自己的習慣的分析，」魯伊斯老師覺得這是讓家庭成員參與協助孩子的好方法。「國中數學的難度變得更有挑戰性，家長通常不確定該如何提供協助，所以我示範給他們看，和孩子討論良好的組織技能和精熟目標是他們幫助孩子最好的方式。」

🔘 要點總結

教導學生認知調節是社會情緒學習的一個重要面向。當你提供學生適當的學習機會時，你創造了一個更加專注和更有目的的教室環境，目標是確保學生了解他們有能力可以覺察自己的思考、維持注意力（並培養在需要時重新集中注意力的技能）、設定和監控自己的目標、覺察和解決問題、發展做決定的技能，因而變得越來越有組織能力。

反思問題

1. 你是否為學生示範後設認知思考？你是否提供機會讓學生練習和發展自己的後設認知技能？

2. 你有什麼工具可以集中學生的注意力？你是否針對學生注意力渙散時如何重新專注學習的能力提供回饋？

3. 你是否和學生一起設定目標？如果是，通常是什麼類型的目標？學生是否有機會重新檢視他們設定的目標，監控自己的進展？

4. 你是否明確地教導學生如何覺察和解決問題？是否給予他們足夠的時間來覺察和解決問題？

5. 你是否明確地教導學生如何做決定？是否給予他們機會做決定？並且在錯失更好的選擇之際，讓他們從自己的決定中學到教訓？

6. 你的學生需要發展哪些組織技能？你如何在課堂學習之流中滿足這些需求？

融入式社會情緒學習

Chapter 5

社交技巧

利社會技能｜分享｜
團隊合作｜建立關係｜溝通｜
同理心｜修復關係

八年級學生安妮莎（Anissa）很晚才進入歷史教室，她把遲到單交給老師，什麼話也沒說。她平常是很健談、友善的，這讓賈西亞（Garcia）老師注意到她態度舉止的變化。

不一會兒，安妮莎就加入了她的學習站小組，這是為了讓學生主動研究 1800 到 1860 年間從北歐到美國的移民歷史而設置的四個小組之一。她本應該開始獨立學習的任務，卻只是坐在那裡。

賈西亞老師走到安妮莎的桌子旁，問她是否想談一下。當她抬頭時，眼中含著淚水。「我們到我的桌子那邊坐一會兒吧，」賈西亞老師輕聲說道，指著他桌旁的「談話椅」。所有學生都知道，只要坐在這張特大的椅子上，他們可以分享任何心事。有時候他們在下課時間、午餐時間或放學後，也會來這張椅子上坐坐。他們明白，賈西亞老師不會有過多的窺探，而是會同理的傾聽。

「其實沒什麼大不了的，」安妮莎坐下來以後說。「只是昨天晚上一個朋友在社交媒體 Snap 上發表了一些很刻薄的話，我告訴她這樣是不對的。雖然那是針對別人說的，但如果有人這樣對我，我會非常生氣，而且我會擔心其他人怎麼想。」

「當你關心的人做一些你不認同的事情時，真的很難受，」賈西亞老師回應：「這會讓你質疑這段關係。當你告訴她那樣不對的時候，她說了什麼？」

「她對我發脾氣，說我是個叛徒。」

「那真的很難受，」賈西亞老師說。「當你做了對的事情卻出現負面的後果，下次你可能不再想做對的事情。就像我們先前談過的，做對的事情卻不受歡迎時，堅持下去並不容易。我可以問另一件事嗎？另外那個人安全嗎？那則貼文有沒有嚴重到我們需要與卡斯蒂洛（Castillo）校長談談？」

安妮莎搖搖頭。「沒有，只是很沒禮貌而已，而且她已經把它刪掉了。我只是不知道要如何同時留住朋友和做對的事。放學後我們可以再聊聊嗎？」

「當然可以，」賈西亞老師說。「你隨時可以跟我談。我想這可能是一堂同理別人的課，它讓你能夠理解別人的觀點。當雙方都想要修復關係時，一定有辦法的。我期待我們的對話。」

安妮莎與她朋友之間的這種對抗爭執，在年輕人的生活中很常見。社交媒體使得航行在這些暗潮洶湧的波瀾中變得非常複雜，輕蔑的言論和受傷的感覺會被放大許多，那是我們這些成年人在學生時代從未體驗過的經驗。當學生在這些波瀾起伏中努力前進時，我們的忠告比以往任何時候都更加重要。當然，介入青少年的私人麻煩總是棘手的，而且很可能安妮莎從一開始就不會向賈西亞老師敞開心扉，但有幾件事對他（和她）有利：

- 賈西亞老師注意到安妮莎和平常不太一樣。你必須了解學生才能夠發現事情不對勁。
- 他和安妮莎建立了一種關係，使得即時的對話能夠發生。

- 賈西亞老師能夠運用他之前在課堂上討論過的同理和關係修復的 SEL 主題。一旦奠定了討論社交技巧的基礎，幫助學生發展這些技巧的工作就會變得更加容易。

- 正向的社交技巧和人際關係，是教室和生活中不可或缺的，它們具有傳染力，而負面的社交技巧和人際關係也有傳染力（Marsden, 1998）。不良的人際關係會迅速蔓延到其他人，並且暗中妨礙學習。這也就是為什麼我們必須投注心力在個人和班級層面教導社交技巧和正向人際關係。一項針對將近 1,800 名青少年的研究發現，學生個體的幸福感（well-being）可以預測他（她）同學的幸福感，反之亦然（King & Datu, 2017）。賈西亞老師對安妮莎身心幸福狀態的關注，預示著班上學生之間會有良好的關係；而且這裡還有一個不容忽視的重要概念：關係始於**你**，你是促成學生彼此之間發展出正向關係的中間人。

社交技巧的定義

人類天生具有社交——彼此結交以實現群體目標——的本能。事實上，正是在我們這個物種獲得了協同合作的能力之後，人類的發展才突飛猛進（Pinker, 2012）。語言、工具和做事程序可以跨世代、跨社會共享，人類也發展出利社會技能，在各種文化中處處可見。前面幾章討論到的大部分特質，雖然主要都是個體內在的特質，但在與他人互動時表現出利社會技能上扮演著重要的角色。

利社會技能包括助人（參見第四章）、分享和團隊合作，本章將更詳細地探討這些技能。這些利社會技能是個人自發主動的行為（因此稱為 prosocial skills），這意味著它們是與他人建立關係的基礎，但並不等同於與他人建立關係。換句話說，你可能有良好的利社會技能，但未必有緊密

的人際關係。想想你每天和沒有關係的人進行過多少次助人、分享和團隊合作的行為？為某人開門、在地鐵上讓座給另一位乘客、在超市排隊耐心等候，即使我們是陌生人，這些利社會技能都能幫助我們的群體運作。利社會技能有助於社交能力的提升。

利社會技能是建立和維持關係的先決條件，其中某些關係會開花結果變成友誼，但利社會技能並不等同於建立和維持關係。建立關係需要的是另外一組技能——溝通、同理心以及在關係受損時修復關係的方法。同理心是理解和共享他人經驗與感受的能力，是推動關係的關鍵因素。發展良好的同理心是做出無私的決定所必須具備的要素，因為在做這樣的決定時要考慮到他人的利益福祉。建立關係的技能比較複雜，需要成人的許多指引和協調，以幫助兒童和青少年提升能力。我們將從探討分享和團隊合作這些將教室轉變為學習團體的利社會技能開始談起。

⬤ 利社會技能

利社會行為受他人期望的影響。利社會行為有時被稱為**規範行為**（normative behavior），表示它們反映社會的規範——社會對於正確或最理想行為方式的共識（例如，比較大的孩子應該更寬容對待幼小的孩子）。

社會集體的意見帶有重量，這也就是為什麼建立遠超出標準規矩行為的班級規範（例如，發言前要舉手、坐姿要端正）非常有用的原因。研究顯示，一旦有觀眾在場，當這個環境的社會規範有強大影響力時，兒童和成人都會更常表現出利社會行為（House & Tomasello, 2018）。筆者三人服務的學校遵循三項具有利社會性質的規範來運作：

1. 照顧自己。
2. 照顧彼此。
3. 照顧這個地方。

當然，要讓這些規範實際運作，就必須投注大量心力在本書所介紹的社會情緒學習原則。從開學第一週開始，學生和教師列舉出這些原則在班上具體展現的方式。就著這些方式，教師和學生共同建構出符合這些利社會規範的班級常規。科學教室通常會有一些關於實驗設備的使用規定（「照顧這個地方」），但許多規定都圍繞著第二項規範（「照顧彼此」），例如：「就算你不同意，也要尊重地聆聽別人發言」和「讓出發言權，好讓別人也能說話」，這些規定裡面含有團隊合作的機制。

利社會行為主要分為三個類別：**分享**（sharing）、**助人**（helping）和**團隊合作**（teamwork）。由於在第四章認知調節的討論中已經談過助人，所以我們不再贅述。但我們會深入探討分享，這是利他主義的先決條件，以及團隊合作（包含教室裡的合作）。

分享

任何曾經和非常幼小的孩子相處過的人都可以作證，幼兒早期的分享行為常常是⋯⋯心不甘情不願的。通常，這是因為大人或兄姊的催促，加上「分享是對的或好的事情」的提醒，而勉強做出的回應——因此可將它定義為一種社會規範。幼兒園大班和小學低年級的教師可能（通常也會）照著相同的模式，在「分享」這個班規裡添加規範性的訊息，以幫助建立更多的行為期望。比較一下這兩句話的差別：「現在是和別人分享球的時候了」和「現在是和其他一直在等的人分享球的時候了，這是我們照顧彼此的一種方式」。

對某些孩子來說，自願分享資源和用具可能是一個挑戰，但因為這是建立正向關係的基礎技能，所以值得提倡和練習。考慮到幼兒園大班的孩子認為部分資源共享是兩個人之間友誼的象徵（Liberman & Shaw, 2017），所以幼兒園教師凱莉・法默（Kiley Farmer）和學生玩「輪流」的遊戲，以培養合作和分享的「施與受」的習慣。「學年的開始我會讀

It's Mine!（Lionni, 1996；中文版《這是我的！》，上誼文化出版），這本書講述了三隻青蛙互相爭吵，直到一場風暴來臨，他們才體認到他們有多需要彼此，」她說。「我們掛了一幅青蛙的圖畫來提醒我們不要對彼此太『青蛙』。」法默老師確保自己布置的學習環境能讓學生有許多分享的練習。「藝術用品、數學教具、平板電腦……我經常安排兩個學生共用一組材料，讓他們一起合作。隨著他們越來越能分享，我會將小組的規模擴大到三或四個人。這是培養他們團隊合作能力的一個好方法。」她說。

團隊合作

　　與他人有效合作的能力普遍被認為是一種核心必要的技能，這種利社會行為有不同的指稱，比如：21 世紀技能（Partnership for 21st Century Learning, 2015），或職場上說的「軟實力」（SCANS, 1992）。與他人合作的能力涉及其他一些社會與情緒技能的運用，包括正向的人際關係、溝通能力、自我調節、目標設定和承擔責任。在許多兒童活動中，團隊合作都是必需的（例如運動、音樂、戲劇、遊戲），在學校裡，團隊合作的重要性通常體現在各種需要共同參與才能完成的團體任務上。我們將**合作學習**（collaborative learning）定義為透過有意義的學科任務來促進同儕互動的一套做法（Fisher & Frey, 2014）。

　　只是將四張桌子排在一起並不能保證合作會發生。我們常常看到學生是分工來完成一個任務，只用很短暫的時間聚在一起工作，將大家分別做出來的部分拼湊在一起。八年級人文學科教師克雷・韋斯特布魯克（Clay Westerbrook）幾年來一直看到這種情況發生，尤其是當學生進行小組報告的時候。「孩子們會走到台前，每個人只說明自己製作的一張投影片，沒有人能回答關於其他夥伴的投影片問題，有時連這些投影片的視覺呈現方式也沒有互相搭配。」他說。然而，他並不真的知道該怎麼處理這個問題。不過，當他從任務複雜度的角度來看這種經驗時，情況有了改變：

「我給他們的作業任務，實際上他們並不需要彼此合作，他們要做的事情就只是從網路上複製和貼上資訊。」

韋斯特布魯克老師做了兩個重要的改變。第一個改變是使用同儕評鑑，讓學生填寫有關報告內容和風格的回饋表，公開與正在進行報告的小組分享。「這真的提高了他們保持投入的能力，並且練習給予別人有用回饋的方法。」但是第二個關於處理過程的改變——引入迭代式報告法（iterative presentation）——真正促進了團隊合作：他向學生介紹迭代式報告法的意思。老師不再指定各個小組的主題，改成每個小組必須根據前一個小組的報告來確定內容。老師先進行第一個報告，然後抽籤抽出一個小組來創造第二個報告。根據先前的報告，這個小組必須找出他們五分鐘報告的主題。「剩餘的課堂時間，我留給他們討論如何組織成一個報告，所以他們必須密切的交流溝通。」他說。在這個小組組織報告的同時，韋斯特布魯克老師和班上其他學生進行別的工作。這個小組在下一節課的開始進行簡短的報告，然後抽出第二個小組。第二個小組的任務是從前一個主題報告中找出一個問題，並準備一個報告來回答這個問題。「我稱之為簡報創智贏家（Presentation Shark Tank）。」他說。例如，為了讓「美國誕生」的單元動起來，「我先開始做了一個關於昭昭天命（Manifest Destiny）的簡短報告。第一個小組對於我提到的奧勒岡小徑（Oregon Trail）很感興趣，所以他們在第二天報告了那個主題。」接下來的一週，各小組報告了山民（mountain men）和開拓者面臨的危險、唐納大隊（Donner Party）、被迫離鄉背井的西部美國原住民部落、路易斯安那購地案（Louisiana Purchase）、佛羅里達州大沼澤地塞米諾族（Seminole）的生活和阿拉莫之戰（Battle of the Alamo）。「這無疑激發了一種全新的聆聽方式，因為小組必須等到報告結束時才會知道他們是否會被抽中。」

可以利用「青少年團隊合作量表」（Lower, Newman, & Anderson-Butcher, 2017）追蹤學生團隊合作技能的發展。這個自陳式量表工具包含

八個項目，經驗證適用於九到十五歲的學生，可以在整學年中多次使用來觀察進展。學生運用李克特氏五點量表（Likert scale，1 表示完全不符合，5 表示完全符合），回應以下的陳述句：

- 我對於自己在團隊裡工作的能力有信心。
- 我知道如何給團隊成員回饋而不會傷害他們的感受。
- 我會請別人給我回饋意見。
- 我努力讓團隊其他成員參與其中。
- 我重視團隊成員的貢獻。
- 我平等對待團隊每位成員。
- 我善於和團隊成員溝通。
- 我對於自己擔任領導者的能力有信心。（p. 719）

就像其他類似的評量工具一樣，學生的回答為我們創造了機會，可以跟他們進一步的對話、設定目標和慶祝他們的進步成長。

◑ 建立關係

人際關係在學生的學習生活中至關重要。教師和學生之間的關係對學生的學習成就有很大的影響，Hattie（2009）研究報告的效果量是 .52。同樣的，當我們努力和學生建立關係時，我們也在向他們示範如何與他人（包括同儕）建立關係。因此，在討論增進同儕關係的方法之前，很關鍵的是，我們必須注意自己是如何以身作則的示範我們希望在教室裡建立的健康關係。

生—師關係

所有的關係，不管涉及的人年紀大小，都是建立在尊重和關心的基礎上。如果我們自己不表現出對學生尊重和關心的價值，也就無法要求學生

和同學建立健康的關係。學生期望我們能指引他們應該如何建立校內的人際關係，為了與學生建立健康的、促進成長的關係，為了奠定建立關係的基礎，教育者需要做到以下幾點：

- 知道學生的名字，並且知道這些名字如何正確發音。
- 注意我們透過言語和非言語（包括面部表情）溝通、傳達的態度，以及這可能如何讓學生覺得自己受歡迎（或不受歡迎）。
- 了解學生的興趣，並找到鼓勵其興趣的學習和閱讀素材，幫助他們探索和擴展這些興趣。
- 透過家訪、電話或電子郵件，與學生的家庭建立正向的連結關係。
- 提供對學生有意義、有關聯的優質教學。

教育界有句俗語說：學生不關心你**知道**多少，除非他們知道你**關心**多少。關心是關係的一個重要部分。當我們正確叫出學生的名字，和學生談談他們的興趣，並且努力尋求與他們的生活建立連結關係時，我們正在為如何建立關係畫出一幅藍圖。我們表現出關心他們的行為，這樣一來，學生也會對彼此展現這樣的行為。

有效的生─師關係是相互信任和支持的，但也具有高度期望的特點。換句話說，「關心」不僅僅是老師「人很好」，學生還期望老師能挑戰**並且**支持他們；他們需要的是「溫暖要求型」（warm demander）的老師（Vasquez, 1989）。Delpit（2012）指出，溫暖要求型的老師「對學生抱有很高的期望，說服他們相信自己的才華，並在一個有紀律和結構化的環境中幫助他們充分發揮潛能」（p. 77）。這就是能夠加速學習的關係類型。

至於你可以採取哪些實際行動來讓自己成為溫暖要求型的老師，我們建議你參考獨立思考公司（www.independentthinking.co.uk）網站 Mark Finnis（2018）的文章，他列出了三十三種如何與學生建立更好關係的方法（參見圖表 5.1）。

1. 成為以前你在學校求學時所需要的那個人。
2. 先跟學生建立連結，再談學科內容。
3. 定期投資「社會資本」銀行。
4. 小漣漪造成大波浪；把簡單的事情做好。
5. 不要煩惱如何把事情百分之百做得更好；而是把一百件事情做得更好百分之一。
6. 好好了解你的孩子，也讓他們好好了解你。
7. 不要害怕「愛」這個字。散播濃濃的愛。
8. 有些孩子來學校是為了學習，有些孩子是為了被愛。
9. 每個孩子（和大人）都需要一位支持者。
10. 投入有三種形式：身體的、情緒的和心理的投入。
11. 我們使用的語言塑造了我們所經驗的現實。
12. 是「難管教的孩子」還是「有困難的孩子」？是「問題家庭」還是「遇上問題的家庭」？
13. 及早介入孩子的生活，及早解決問題。
14. 將行為與行為者分開。
15. 健康的關係建立在高度挑戰和高度支持的基礎上。
16. 懲罰只會產生怨恨，而不是反省。
17. 真相永遠有三個：我的真相、你的真相，以及真相。
18. 最好的道歉是改變行為。
19. 「小事」就是大事。
20. 創造歸屬感。
21. 注意他們做對的事情，多於他們做錯的事情。
22. 放大優點而不是缺點，關注天賦而不是缺陷。
23. 我們用來描述某個經驗的語言往往成為經驗本身。
24. 艱難的對話——一定得這樣嗎？請記住，戳人眼睛並沒有容易的方式，不管我們怎麼做，都會有點刺痛。
25. 打鐵趁「冷」。冷靜下來再處理。
26. 透過被人關心，我們學會關心。
27. 如果你沒有親身示範你的言教，那麼你教的就是另一套。
28. 傾聽是你為了理解學生而做的事情，而非只是花時間等待他們回答。
29. 沉默不是對話裡的鴻溝，它是對話的一部分。
30. 文化存在每個組織裡，但你班上的文化是精心設計而成或任其隨意產生？
31. 當你把事件放進溝通圈裡對話討論，看起來就會好多了。
32. 對孩子微笑，這對你們倆都有好處。
33. 總會有另一種方法的。

資料來源：經授權改編自 "33 Ways to Build Better Relationships," by M. Finnis. Copyright 2018 by Independent Thinking.

同儕關係

當學生體驗到與老師之間健康的、促進成長的關係，他們更有可能和同儕一起仿效這些行為。透過教導學生如何與同儕互動和發展出對彼此的尊重，我們提供他們較能有效處理問題的方法途徑。擁有健康人際關係的學生傾向於面對和處理問題，而不是在社交媒體平台上表達他們的憤怒或用拳頭解決問題。雖然建立同儕關係需要的不只是成人的示範，但成人提供學生範例可以讓學生設定和他人互動的期望。

作為群居動物，團體歸屬感對我們的幸福感至關重要。青春期是一個特別有挑戰性的時期，青少年尤其脆弱，容易感到被疏遠和邊緣化。在這個發展階段，與同儕之間的關係變得越來越重要，不受人喜愛的感覺和學習退步有顯著相關，效果量是 –.19（Hattie, 2009），大約等於半年的學習退步。衡量人際關係的一個指標是一個人覺得自己與他人之間有多大的關聯感——換言之，就是與他人的連結程度。**關聯感**（relatedness）的定義是一個人對於同儕關心你、尊重你、視你為珍貴的團體或團隊夥伴的知覺。一項針對 65 所學校近 1,100 名國中生和高中生的研究發現，在重視助人行為、學生有機會進行學科學習交流互動的教室裡，同儕關聯感比較強烈（Mikami, Ruzeck, Hafen, Gregory, & Allen, 2017）。雖然老師無法讓友誼憑空出現，但我們可以為強化學生之間的關係做好準備。

九年級歷史老師艾札・布坎南（Aja Buchanan）精心建構她的教室，好讓學生從第一天開始就能夠認識彼此。學生們透過寫一篇個人簡介來介紹自己，然後將這篇短文轉換成自己設計的文字雲圖像。「他們喜歡看到自己的作品被展示出來，」她微笑著說。「無論年齡多大還是喜歡。」她特別強調，一定要確保教室裡的每一個人在第一週結束時就知道彼此的名字，藉此強調正確稱呼彼此的名字是一種尊重的表現。她的教學設計強調合作學習（「我告訴他們，我的目標是一週大約有一半的教學時間是以小

組進行，所以他們應該要習慣這種方式」），接著她繼續教導學生成為讓小組順利運作的成員所需要的溝通技能。「這些是生活技能，而不只是歷史科的技能。我告訴他們，『如果你能很快與其他人建立關係，這會讓工作和生活變得更輕鬆容易些』。」布坎南老師說。

和他人的關係很重要的另一個原因是，這些關係幫助我們發展自我認同和自主能動性。邁克·霍姆斯（Mike Holmes）的五年級班級每週舉行一次簡短的「感恩圈」（gratitude circle）活動，學生分享對彼此的感激之情。「這個簡短的活動為學生提供了一個健康過渡、回歸到學習環境的機會，也做了一些口語表達技能的練習，更不用說還有關係的建立。」他說。在學年一開始，學生通常很難接受別人的讚美，霍姆斯老師這樣告訴我們。「不過，他們在這方面做得越來越好，」他補充道。「我喜歡看著他們的自信心和自豪感逐漸增長。」

在某一個下午，學生們分享了這些讚美：

- 「安德魯，謝謝你今天幫我處理數學問題，你沒有告訴我答案，但你幫了我很多。」
- 「杜勒絲，午餐的時候你邀請我一起玩，我很開心。不然，我大概就是獨自坐在桌子旁邊。」
- 「納吉德，你唱得真好。改天，你應該為我們全班唱歌。」
- 「泰勒，你好勇敢，我覺得你什麼都不怕。」

和學校之間的關係

最後，有些學生並未和學校建立良好的關係，但相信自己是這個學校團體裡受重視的成員，在傷害發生時，他們可能會表明願意努力修復自己造成的傷害。

我們的目標是讓學生養成行動前先思考的習慣，反思他們做出的行

為，並且從這個經驗當中學到教訓。在這個過程中，學生與學校裡的大人之間的關係可能具有極大的影響力。尊重這些大人的學生通常不會做出問題行為，但當他們真的出現問題行為，就必須面對他們在乎的大人，並彌補他們所做的一切。我們也希望，學生對整個學校的在乎程度能夠高到他們會因為不希望學校受到負面影響而決定不採取某些行動。這是一個需要投資大量心力的長期目標，但是當學生的思考到達那樣的巔峰時，巨大的改變就會發生。

在我們服務的學校，學生與學校之間的關係是我們工作的核心。我們在 How to Create a Culture of Achievement in Your School and Classroom（Fisher et al., 2012）一書中，更詳細地描述了這個過程，運用五大支柱，建立學校組織和在校學習的學生之間的連結關係。簡要說明這五大支柱：

- **歡迎**，我們投注心力在讓學生及其家人感受到歸屬感的學校政策上。
- **不造成傷害**，我們投注心力在修復式實踐（restorative practices）上。
- **好好說話**，我們投注心力在運用語言支持學生發展自我認同和主體能動性上。
- **學習永不嫌晚**，我們投注心力在有關學業學習和行為介入的政策上。
- **全宇宙最好的學校**，我們投注心力在持續精進自己上。

這讓我們想起了米格爾（Miguel），一個被認定為學分不足的十一年級學生，他在九年級結束時被開除，從來沒上過十年級。他在他應該就讀高二的第一天才出現在學校，只是因為監護官要求他提供入學證明。他的態度叛逆，對學習毫無興趣（但至少他上學了）。米格爾犯過幾次錯，出席率也很差。但是，有一位英語教師和他建立了連結關係，每次出現問題

時，她都會為他辯護。她開始促成他和其他教師建立關係，米格爾的行為也開始有了改變。某一次他曾經說，他的行為之所以會改變是因為「這裡的這些人真的很努力嘗試，而且他們真的關心我。當我做錯事，這會讓他們看起來全都很糟。我不想讓這種誤解反映在學校的形象上，所以×××，我現在很努力振作啦。」是的，他夾雜了一句髒話，但米格爾畢業了，現在的工作是技工。如果沒有相互信任的關係和最終發展出對學校的尊重，這是不可能發生的。

◐ 溝通

透過有效的溝通，與同儕、教師和學校的關係得以建立、加深及修復。溝通也是學習的必要工具，學生被期望要能閱讀、寫作、說話和聆聽，這是他們學習的一部分；而且也有特定的溝通技能標準（通常稱為語文藝術領域），讓教師致力於發展這個學習面向。但是，許多人（老人或小孩都一樣）都有溝通上的困難，尤其是在情緒激動的情境下要表達想法、感受和反應時。這可能是因為某些課堂將溝通限制在特定的、安全的話題上；或可能是因為我們不考說和聽，表示這些技能在課堂上得到的關注比較少；或者可能是因為教師假定學生知道如何溝通，因此並未將焦點放在這些技能上。

如第三章所述，願意聆聽是情緒調節的一個指標，它也是有效溝通和建立關係所必須具備的技能。可惜的是，對許多學生來說，說話的相反是等著再說話，而不是聆聽。主動聆聽（active listening）有一些模式，但這些模式的共通點可以總結如下：

- **保持專注**。專心注意說話的人，並且讓他把話說完。跟上說話者的思路，就算你和他沒有眼神的接觸。保持思緒集中在話題上，試著不要讓思緒飄忽到其他話題上，你可以試著圖像化記錄對方所說的

話來做到這一點。

- **提出相關或深入追問的問題。**將問題聚焦在話題或相關話題上。不要用問題轉移對話的話題，而是用問題來讓對方澄清想法或提供例子。
- **請求澄清。**如果有什麼不清楚的地方，請求對方補充資訊。不要假設你知道對方的意思，邀請對方解釋清楚。
- **改述或換句話說。**用你自己的話重述要點，這樣可以讓你檢查自己的理解，並且向對方表示你在聆聽。
- **注意情緒和感受。**辨識訊息內容所傳達出來的意義以及情緒。
- **摘要總結。**不要就這樣突然結束對話，而是摘要總結一下你們所談的內容、任何達成的共識或仍需要討論的地方。

在艾莉克西斯・卡爾維奧（Alexis Calvio）老師的四年級班上，她經常問學生聽到另一位同學說了什麼，以及同意或不同意那個人的想法，學生因此培養出聆聽技能。例如，在閱讀了幾篇關於不同發明家的文章和討論發明家的特點時，她要求學生和小組夥伴討論他們的想法。卡爾維奧老師運用「編號共學法」（Numbered Heads Together）來鼓勵學生互相支持。以下是這個方法的運作方式。

學生們分坐在教室裡已編號的小組桌旁，按順序報出 1 到 5 的數字，這樣一來每個人都有一個編號。在他們初步對話以後，卡爾維奧老師擲骰子，並告訴全班，每張小組桌的 4 號同學應該做好回答的準備。學生們再次討論，這次要確保每張小組桌的 4 號同學準備好回答問題。接著，卡爾維奧老師召回全班學生，再次擲骰子，並且喊道：「第 6 桌！」

第 6 桌的卡妮拉（Kanella）站起來，自信地說道：「發明家需要具備的特點之一是創造力，因為你必須能夠想出這個世界需要的新點子。如果你發明了沒人需要的東西，那麼你就沒辦法把它賣出去。」

卡爾維奧老師再次擲骰子，這次輪到第 1 桌。在這個技巧中，第二輪的討論要求學生表示同意或不同意前一輪發言者的想法，並且提出原因理由。瑪雅（Maya）站起來說：「我同意卡妮拉說的發明家需要有創造力，但我不認為這只是因為他們需要把發明的東西賣出去。就算有一些新東西賣不出去，他們仍然是發明家。」

研究證據顯示，學生透過像這樣的合作對話來學習（Frey, Fisher, & Nelson, 2013）。對許多學生而言，他們尚未發展出與同儕有效互動所需的技能，導致他們的學習受到阻礙。關係固然很重要，但本書討論的 SEL 其他所有面向也同樣重要。溝通不能僅限於學科對話，學生還需要透過各種社交情境來進行對話。

教師可用以建立聆聽和溝通技能的另一個方式，是透過圍圈討論（circles），溝通圈（communication circles）能讓學生了解自己和他人的觀點。圍圈討論是「修復式實踐」的一部分（如 Smith, Fisher, & Frey, 2015），當傷害發生的時候可以作為修復傷害的基礎。舉例來說，如果學生沒有在低風險的溝通圈環境中體驗如何溝通表達自己的情感，那麼當損害或傷害造成時，他們可能不願意參與高風險的會議。

溝通圈可以讓學生知道他們的經驗是被接納的，他們被允許分享自己的情感，而且同伴會聆聽他們的想法。無論是哪種類型的圍圈討論，都有以下的責任和期望：

- 每位學生都應該有機會分享，或被鼓勵分享。
- 學生應該與彼此交談，而不是與帶領者對話。
- 圍圈討論不應該只運用在紀律管教上。

根據我們的經驗，建議你在介紹圍圈討論的過程時，討論的主題必須是安全的。這些低風險的圍圈討論使用的是沒有「正確」答案的問題，討論時就比較不會激發情緒反應。以下是一些例子：

- 如果你擁有超能力，那會是什麼超能力？為什麼？
- 如果你可以變成一種動物，你會選擇哪種動物？為什麼？
- 你夢想的假期是什麼樣子？
- 最能描述你自己的一個詞是什麼？
- 如果你被困在一座小島上，你會想要哪一樣東西？
- 你最喜歡的顏色是什麼？

當學生了解了這個過程，也知道這個經驗在心理上是安全的，圍圈討論就可以用來討論更複雜的問題，例如教室運作規則、操場上的霸凌問題、對即將到來的考試的恐懼，或人際關係的困擾。開場問題真的非常重要，老師如果是以這個問題開始：「我可以做些什麼，來讓這個班級運作得更順利？」就會將討論或批評的焦點集中在老師身上。相較之下，如果開場問題是：「**我們**可以做些什麼，來讓這個班級運作得更順利？」這樣的措辭表示學習環境的建構是我們共同的責任。不管討論的主題是什麼，圍圈討論的重點是每個人的成長和反思。

順序式溝通圈

順序式（sequential）溝通圈是讓每個團體成員都有機會參與對話。我們建議只用椅子（不要桌子）來形成圓圈，甚至讓學生站著或坐在地板上，目標是溝通，你要讓每個人都有眼神接觸。通常會拿一個物品，例如絨毛玩偶或網球，讓學生順著圓圈傳遞下去，只有拿著物品的人可以說話。順序式溝通圈適合用在你希望全體成員參與的情況，不過，我們也不想要強迫學生在他們不想說話時說話，那些還沒準備好要說話的人可以選擇跳過。

六年級教師達莉亞・科蘭傑洛（Dahlia Colangelo）正在準備帶她的學生參加一年一度的傳統活動——全學區為六年級學生舉辦為期五天的宿營

體驗，地點位於離城市幾英里之外的山區。科蘭傑洛老師每年都會進行這個準備工作。對於她所在城市區域的大多數學生來說，這是他們的第一次宿營體驗；對許多同學來說，這也是他們第一次離開家在陌生環境中過夜。她的學生都會對這次旅行充滿期待，但表面下也存在著焦慮和不安。

科蘭傑洛老師明白，示範是一個有效的方式，可以向他人展現如何溝通和表達他們的情感（如 Miller, 1989），所以她開頭這樣說：

> 我們已經討論了很多關於下週宿營的事情，我很興奮，但也有一點緊張。在每次旅行之前，我總是會有點緊張，不知道你們是否也有這種感覺。讓我們圍成一個圓圈，從說出我們很興奮、很期待的一件事情開始。我先說，我對星期二早上我們要去的健行感到很興奮，我迫不及待想讓你們看到那條山路上我最喜歡的景點，我想和你們分享這個景點。

科蘭傑洛老師把「說話棒」（一顆當地大學校隊的小塑膠紀念足球）傳遞給她左邊的學生阿麗亞娜（Ariyana）。老師問道：「什麼事讓你感到興奮？」很快的，說話棒順著圓圈傳遞下去，每個學生都說出了他們期待的活動。輪到科蘭傑洛老師再次發言時，她將對話向前推進：

> 我在準備這次旅行的時候也會感到緊張。有時候我會擔心某件事，我會擔心因為我整個星期都看不到我的孩子，我不在家可能會出現問題。阿麗亞娜，你對這次旅行有什麼緊張或擔心的事嗎？

當學生開始透露他們擔心的事情時，節奏稍微慢了下來。離開家是一個大問題。接著，幾位學生連續談到昆蟲和蛇，直到說話棒傳到伊莉亞娜（Eliana）手上，她說出這樣的恐懼：「要跟其他三個人住在同一間小屋，

讓我感到緊張。像是換衣服，他們會取笑我嗎？」其他幾個學生也呼應同樣的擔心。等再次輪到科蘭傑洛老師發言時，她稱讚學生的勇氣，然後說：「我聽到有些人說他們擔心隱私的問題，在這方面，我們可以用什麼方法幫助彼此減少一點擔心？」第三輪的討論引發了一些想法，等再次輪到科蘭傑洛老師時，她總結了同學們的想法，並邀請大家討論出共識。全班甚至編出了一句口號（「在營地發生的事就留在營地」），來提醒彼此可能會有意料之外的事情發生，有些可能很好笑或讓人尷尬，但他們同意不會取笑彼此。科蘭傑洛老師說：「這可能沒辦法幫我們對付蚊子叮咬的問題，但很高興知道我們所有人都會用這種方式互相保護。」

非順序式溝通圈

非順序式（non-sequential）圍圈討論的運作方式與順序式圍圈討論非常相似，唯一的不同是學生不按照位置順序發言。在非順序式溝通圈中，目前發言的人會選擇下一個發言的人。除非需要使討論回到正軌，否則主持人很少打斷對話的進程。

一天早上，在蕾貝卡・菲利浦（Rebecca Phillips）老師的十年級高中英語課堂上，安傑（Angel）舉手請求進行圍圈討論。這個班級正在進行一個單元，其中包括閱讀〈她一生的歲月〉（All the Years of Her Life; Callaghan, 1936）這個短篇故事，故事的焦點是一位母親對兒子的奉獻、寬恕、道德選擇以及一個人的行為後果。

圍圈坐好以後，安傑坦承他很難專注閱讀這篇文本，因為它實在太深刻觸及他們家的處境：「這讓我想到我媽媽對我說『你已經讓我夠丟臉了』的時候，因為我的成績以及我在家的行為表現。我不確定該如何修復這段關係。」

學生們以建議、同情和同理心來回應他。有些人想更了解安傑在家裡的情況，其他人提議在下次段考來臨之前幫助他提高分數，還有人分享了

他們與家人之間的衝突以及如何解決的經驗。比方說，連恩（Liam）給了安傑這個建議：

> 承認你的錯誤，然後採取行動。你的態度是你的選擇。回家後，告訴她你很抱歉，而且要表現出對她的尊重。她是你的媽媽……你唯一的媽媽。沒錯，她會讓你生氣抓狂，但你要做到我們之前學過的。深呼吸，三思而後行，好好溝通。這是值得的。你不知道，為了能再和我媽媽說一次話，我什麼都願意做。

結束圍圈討論時，安傑說：「我們下個星期可以再做一次圍圈討論嗎？這對我很有用，我覺得我可以回來閱讀故事了。」

菲利浦老師後來反思道，表達情緒的作品是文學教學的一部分。「我們讀到的人物角色幫助我的學生思考放大版的世界，所以有時候我們需要預留一些團體思考處理的時間。」她告訴我們，她的學生現在寫出來的作品更有力量了，「因為他們明白文學反映世界，而且文學會影響我們如何思考這個世界以及我們在這世界上的位置。」

魚缸式溝通圈

魚缸式（fishbowl）討論策略是在內外兩層圓圈當中進行，外圈的人觀察和聆聽內圈的人討論，內圈有一、兩張空椅子，可以讓外圈的人暫時加入內圈參與討論。

李查理（Charles Lee）老師二年級班上的學生，下課時間在操場上發生了一些傷人感情的狀況，因此需要進行魚缸式溝通圈討論。李老師這樣開始圍圈討論：「我聽說我們沒有做到今天的其中一個目標。誰還記得我們設定的目標？誰想要加入內圈來討論這個問題？」幾個孩子走進了內圈。

賈馬爾（Jamal）自願發言，他說：「我們設定了一個目標，說我們會照顧彼此。但是今天下課的時候，我們出了一些問題。」

凱文（Kevin）補充：「因為我們大家都想玩踢球，但場地不夠，所以我們就沒有照顧彼此了。」

迪亞哥（Diego）回應：「我們告訴他們，他們不能玩，然後他們就把球拿走，讓我們也不能玩。」

「我們應該要計時輪流玩的，」魯賓（Ruben）說。「但是因為我們沒有照顧彼此，所以沒有人能玩。」

賈馬爾離開了內圈，凱莉（Carly）取代了他的位置，她說：「哦，是關於踢球的事嗎？我以為是因為在攀爬架那邊，艾米（Aimee）需要我的時候，我沒有照顧她。對不起，艾米，我只是生氣了，就沒有照我的策略去做。」

對話繼續進行，學生為他們在下課時間的行為負起責任，並且承諾彼此會更加努力達成他們的目標。

有些讀者會擔心圍圈討論所花費的時間，或是可能因此失去學科學習的時間。在這個例子裡，如果學生的心思還停留在他們下課時間的衝突上，而且沒有機會處理和解決這些衝突，他們可能會難以專心參與李老師計畫要上的數學課。他們花在圍圈討論的幾分鐘，達成了幾件事情：首先，它讓學生能夠認識和表達他們的感受。其次，它提供了一個方法來解決下課時間發生的問題。第三，它讓學生練習溝通技能，包括聆聽和輪流發言（這兩項包含在二年級的學科課程標準裡）。最後，衝突一旦解決了，全班學生就能夠專注上數學課了。

◉ 同理心

同理心，即能夠理解他人的感受，是關係發展的一個重要成分。儘管

沒有多少研究證據顯示教師可以直接教導同理心，但可以透過提供學生參與同理回應（empathetic response）的機會來培養同理心。一些培養同理心的指南建議教育工作者要覺察自己的行為；融入文學作品，藉此讓學生探討對歷史人物和當代人物的同理心；以及示範同理回應給學生看（如 Gerdes, Segal, Jackson, & Mullins, 2011; Gordon, 2009）。

教師還可以採取一些可能促進學生同理心發展的行動，不妨試試這些行動：

- **辨識和標記情緒感受**（label the feeling）。正如我們在第三章提到的，學生需要了解他們對各種情況的情緒反應，這項技能的延伸是能夠準確辨識他人的情緒。例如，老師可以說：「我注意到保羅獨自坐著的時候你走過去和他說話。他可能覺得孤單，或者他可能需要一點思考的時間。」

- **鼓勵學生談論他們的感受**。第三章同樣也指出，談論感受是社會情緒學習很重要的部分。為了培養學生的同理心，他們需要學習談論他人的感受，而不只是自己的感受——這也包括老師的感受和學生在文學作品裡遇到的人物的感受。教師可以使用第三章提及的工具來鼓勵學生談論他人的感受。當學生能夠理解並說出自己的感受是什麼時，他們會更容易談論感受。例如，老師可以說：「再聽一遍這個場景裡的對話。你會如何描述這個人物現在有什麼感受？你想對他說什麼？」

- **稱讚富有同理心的行為**。當學生表現出同理心時，應該予以注意和讚賞。同理心的一個困難挑戰在於它並非總是積極正向的感受，當某人受到傷害或難過悲傷時，具有同理心代表學生了解所謂受到傷害或難過悲傷是什麼感覺。老師可以這麼說：「你注意到這個遊戲不公平。你知道當事情不公平時是什麼感覺，而且你和其他同學討

論要如何讓它更公平。我很欣賞你的努力，也希望你為自己感到驕傲。」

- **教導非語言的線索**。只要細心，學生就可以學會注意到那些暗示他人情緒狀態的非語言線索。我們說「細心」是因為如果暫停課堂，讓每個人看著一個生氣或快樂的學生，然後討論這個學生是如何沒有言語的表達情緒感受，那就未免太遲鈍了。使用影片和圖畫書比較容易做到這一點，在適當的時刻停下來，為學生找出非語言的線索。老師可以說：「我真的被圖中這個人物臉上的表情所感動。當你看到某個人有這種表情的時候，你會做什麼或說什麼？」

- **不要用憤怒來控制學生**。當老師（和家長）用憤怒來控制孩子時，孩子可能會順從聽話──但這往往是以犧牲學習為代價。當大人說：「我對你很生氣」，或用非語言的方式表現憤怒時，學生就會閉嘴和退縮。老師可以表達失望之情，並重新設定期望，但是當憤怒進入師生互動時，學習就會受到負面影響。例如，相對於說：「我對你很生氣，你浪費了我五分鐘的午餐時間。」老師可以說：「你沒有告訴我就離開教室的時候我很擔心你的安全，使得我沒辦法工作。你能告訴我發生了什麼事嗎？你可以答應我以後你會做到什麼？還有，什麼樣的處罰你覺得是合理的？」

- **給學生需要同理心的工作**。照顧生物可以促進同理心，為教室裡的植物澆水、看顧蝴蝶花園或照顧班級寵物，都是能讓學生體驗同理回應的一些方法。有一些研究證據顯示，學生在學習責任的同時也學到了利他主義和關懷（如 Mattis et al., 2009）。負責分發和收齊材料物品也可以幫助學生培養關懷倫理和利他思維。老師可以問學生：「你能負責確認兔子瑪德琳有足夠的水嗎？確保她得到她需要的東西，是我們的責任。」

有研究證據顯示，當學生探討文學作品並討論其中人物的行為時，會發展同理心。例如，荷西‧赫雷拉（Jose Herrera）班上的五年級學生正在閱讀 *The One and Only Ivan*（Applegate, 2015；中文版《八號出口的猩猩》，小天下出版），主角是一隻大猩猩，住在購物中心的牢籠裡。故事是從大猩猩伊凡的角度來敘述，讀者了解到他似乎挺滿意這樣的生活，一直到他從一隻被迫與家人分離的小象的角度來重新評估自己的生活。赫雷拉老師班上的學生討論了這個故事，不只認識擬人手法，同時也了解到作者賦予大猩猩的情感。一位學生說：「這不只是伊凡的故事，人們如果失去家人的話，就是這樣的感受。」另一位學生指出：「你不可能一直解決問題，但你可以當別人的朋友。」

我們想分享另一個從修復式實踐提取出來的策略，可用以培養學生的同理心，並且讓他們具備另一種溝通技能。**情感陳述**（affective statements）能讓老師（最終則是學生）透過使用「我」陳述句來表達他們的感受和情緒，這會改變對話的動力，而不是使用指責型的「你」陳述句讓對方升起防衛心。這個簡單的改變可以培養同理心，因為這個技巧將討論從**對**學生講話轉變成**和**他們交談。因此，加入一個「我」陳述句，是讓你表達你的感受並讓學生有機會回應的一種方式。

當老師使用「我」陳述句並提供背景訊息時，學生能夠更深入了解老師想要的是什麼。這些互動是私密的，不要倚賴公開羞辱來控制行為。例如，將你的手放在學生的肩膀上並輕聲說：「泰勒，如果我在講話，你同時也在說話，我實在很難好好說明。」這種說法可能足以重新導正學生的行為，變成同理反應，而不是暫時順從。當目標是順從的行為時，要求學生注意也許會有用，至少暫時有用。但是，當學生只是被告知要順從時，他們不會產生同理心。像這樣的對話可以改變敘述方式，學生和老師也會考慮對方的觀點。

◐ 修復關係

　　不可避免的，與老師和同儕之間的關係有時會變得緊繃，當這種情況發生時，學生必須學會如何修復關係。這不僅能創造一個更有利於學習的環境，也是一種在課堂外、生活中需要養成的健全習慣。當然，首先必須有能夠促進成長的關係，讓學生學會修復。當學生與成人之間擁有正向、健康的關係時，他們就會更願意努力去修復受損的關係。

　　對於那些想要將修復關係的重點納入日常教學的教師，我們所推薦最強大的工具就是即席對話（impromptu conversation）。對教育工作者來說，面對有問題的學生行為，思考的重點不放在校規被破壞，而是更看重關係受到損害，這是非常重大的思維改變。即席對話可以讓老師好好運用多種技能，更加擴展延伸地運用「我」陳述句。當教師想要解決教室裡嚴重程度尚不足以需要行政支援的輕微違規行為時，這個過程非常有用。教師如果缺乏解決此類問題的工具，甚至連小問題都必須要求行政管理人員出面處理，那麼學生不會對老師或教室裡的其他人發展出同理心。當行政管理人員「偷走衝突處理權」，突然介入為老師解決問題時，他們就剝奪了老師投注心力和學生建立關係的機會。由行政人員進行快速處置時，通常就是迅速將矛頭指向某個學生，指責、糾正，以及泛泛的承諾他會試著乖一點。更有問題的是，這個學生從來沒有機會了解他的行為如何影響其他人——而老師本來可以利用衝突來教導學生如何去修復關係。當然，有時候這些行為確實嚴重到需要行政干預的程度，但我們現在談的是輕微的問題行為，當學生看到老師掌控局勢並積極主動處理時，這些問題行為就可以改變。

　　在我們工作的學校，行政管理人員和老師共同努力，讓這些即席對話成為可能。老師可以請求行政管理人員在教室裡協助照看學生，好讓他們可以跟這個學生走出教室到走廊上，然後老師運用「我」陳述句來解釋問

題，並且引發學生與他對話，如下例所示：

老師：剛剛發生了什麼事？我注意到你低頭趴在桌子上。

學生：我今天就是感覺不對。

老師：嗯，這是個問題。我預備要教一些好東西，但我看得出你沒跟上我的教學。需要做些什麼才能讓你回到你應該有的狀態？我向來都信任你的。

學生：就只是我在班上的課業落後了，我不知道我要怎樣才能跟上進度。

老師：我很高興你願意告訴我。你在這門課是跟得上的，但我不知道你在其他課程表現如何。我們現在沒辦法解決這個問題，但是你可以在午餐時間來找我嗎？我們可以一起擬定一個計畫。

學生：當然。謝謝。

老師：我們回到教室，回去繼續討論進步時代（Progressive Eva）。我會請里科（Rico）分享他今天上午的課堂筆記，好讓你能夠跟上進度。

像這樣的即席對話，可以在衝突破壞師生關係之前，阻止衝突發生。

更加嚴重的衝突，需要的不只是即席對話，通常還涉及行政管理人員或諮商輔導員以及學生的家人。不過，目前的方法可能還有一些可改進之處。當孩子不守規矩時，大人惡名昭彰的行為就是問：「你為什麼這麼做？」這個問題實際上就是在引發學生說：「我不知道。」有時候，特別是年幼的學生，他們真的**不知道**。你可以問更好的問題，像是，從「發生了什麼事？」開始，讓學生更難以不知道來回應。當我們詢問發生了**什麼事**的時候，我們替學生打開了分享**他們的**觀點的大門。在「發生了什麼

事？」的問題之後，我們經常使用一套固定的對話流程，來和犯錯的學生對談（改編自 Costello, Wachtel, & Wachtel, 2009），包含以下的問題：

- 事發當時，你在想什麼？
- 事發之後，你又想了什麼？
- 你所做的事情影響到誰？怎麼樣影響他們？
- 你覺得你可能需要做什麼，才能彌補過錯？（p. 16）

　　進行這種類型的對話有助於確定學生是否準備好彌補過錯和修復關係。我們並不是說一次談話就能解決造成的傷害，因為這真的取決於違規的嚴重程度，有可能需要採取一系列行動才能恢復關係；此外，還可能要承擔進一步的後果，例如喪失權益、留校察看或停學。但是，將修復關係和彌補過錯納入紀律管教程序的一部分，是至關重要的。

　　我們按照類似的對話流程和受害者（無論是學生還是成人）對談。在傳統的學校管教處分中，受害者是事後才想到要處理的，他們通常只是被告知：「老師會處理這件事，你現在可以回去上課了。」這向受害者傳達了一個強力、有害的訊息——他們必須靠自己去處理這個傷害。我們用來討論對受害者造成的傷害之對話流程也是來自 Costello 及其同事（2009）：

- 當你意識到事件發生的時候，你在想什麼？
- 這件事對你和其他人有什麼影響？
- 對你來說，最難受的是什麼？
- 你覺得需要採取什麼措施，才能修復傷害？（p. 16）

　　這些對話是單獨的、私密的，而且不是同時進行的。在某些時候，當受害者和犯錯者都準備好時，他們需要做一些修補的事。如果你曾經遇過麻煩，就會知道最難的事情就是道歉並為自己的行為負責。作者 Dominique 記得從小就聽父母親說，在他承擔責任並道歉之前，他和妹妹

的衝突還沒有結束。他從不想說對不起，但這並不是因為他從來不後悔自己的行為，他只是不想經歷認錯——承認當時的自己不是最好的自己——這個艱難又尷尬的過程。但是道歉並彌補過錯是 Dominique 和妹妹至今仍保持親密關係的原因。類似的過程需要在學校系統中進行，以便在發生違規行為時，教育工作者可以幫助個人承擔責任、道歉並擬定計畫來修復關係。這個過程應該適用於學生與學生、教師與學生、教師與教師以及教師與領導者的關係。請記住，運用修復式實踐是為了：

- 受害者可以發聲。
- 犯錯者為自己的行為負起責任。
- 所有人都可以開始改變他們自己的行為。

◐ 要點總結

　　教導學生社交技巧、溝通技能和同理心，有助於他們發展與他人建立和維持關係的能力。這些技能也有助於培養具有利他精神和負責任態度的青年人，這是我們培養公共精神所需要的基礎（參見第六章）。關係之所以重要，有許多原因，包括可以促進人與人之間正向、有建設性的互動交流，同時也會讓生活變得更幸福愉快。事實上，大多數的人都說自己與他人的關係是生命中最珍貴的禮物，但不可避免的，我們有時會讓人際關係變得緊張，而且需要知道如何修復這些關係。

反思問題

1. 你學校的學生是否擁有穩固的社會人際關係（和他們的老師、和同學彼此之間、和自己，以及學校）？

2. 你的學生需要發展哪些溝通技能來改善與他人的關係？

3. 你做過圍圈討論、情感陳述和即席對話嗎？你如何運用這些工具來改善溝通技能和人際關係？

4. 在你的教室裡，同理心的發展扮演什麼樣的角色？你如何（或如何以其他方式）培養學生的同理心？

5. 你會做些什麼來幫助學生學習修復受損的關係？

6. 你如何更有意識地在現有的合作學習歷程裡注入社會情緒學習元素，以強化學生之間的關係？

Chapter 6

公共精神

尊重他人｜勇氣｜道德責任｜
公民責任｜社會正義｜
服務學習｜領導能力

　　藍道夫中學（Randolph Middle School）的學生正在為學生自治團體選舉做準備。每年秋季，學生團體都會從每個年級選出幾位代表，兩名一般會員以及一個由主席、副主席、財務總管和祕書組成的執行委員會。瓦萊莉亞‧古茲曼－桑奇絲（Valeria Guzmán-Sánchez）老師擔任學生自治團體的教職員顧問已經有九年了，身兼社會科教師和學校辯論隊的教練，她非常熱衷於投注心力在學生的公民生活上。這所學校位於美國和墨西哥之間的邊境社區，學校裡有一些學生沒有身分證明文件。「當你無法在這個國家投票的時候，選舉的概念就會變得非常混亂，」古茲曼－桑奇絲老師說。「我們必須教育我們的學生投票對任何一個社區的意義是什麼，包括我們學校的社區。」

　　在她的指導下，候選人就他們對學校議題的立場，包括紀律管教和學生在決策中的發言權，發表平台政見聲明。每個人也要提出一個學校或社區計畫。「這跟承諾午餐有冰淇淋吃一點關係也沒有，」古茲曼－桑奇絲老師笑言。「我希望他們清楚明白，他們是公僕式領袖，而不是掌權的君王。」有興趣競選公職的學生首先必須準備一份競選計畫書。

　　八年級代表候選人泰芮絲（Therese）與古茲曼－桑奇絲老師會談，

制定她的計畫書。泰芮絲指出，她支持學校選擇修復式實踐的改變，但希望看到更多學生參與這個過程。「我認為我們應該成立一個學生委員會，作為〔紀律管教〕過程的一部分，」她解釋道。古茲曼－桑奇絲老師表示同意，但她也敦促泰芮絲進一步考慮細節：「誰能參加這個委員會？」當泰芮絲回答是學生自治團體的代表時，老師提出質疑：「這樣會把很多影響權力集中在少數人手上，」古茲曼－桑奇絲老師說。「你要如何擴大資格，讓更多學生參與？」

在接下來的十分鐘裡，泰芮絲在古茲曼－桑奇絲老師的指導下，充實了她對這個議題的平台政見聲明。幾週以後，她在競選演講中提出一項提案，當選的學生自治團體將委託一個工作小組，就學生修復式實踐委員會可能的成員對選民進行調查，然後和學校領導者會面討論限制及可能性。這群委員的形成與組成將在向學生提出一個完整的計畫後，由學生全體決定。「我為我們設定一月為最後期限，在一月以前會提出計畫給你們所有人看，」泰芮絲說。「我不只是說要改變，我**會做出**改變。」

不用說，泰芮絲當選了。

在我們學生的整個求學生涯中，用心的教育者會促使學生認識自己、了解自己是誰，以及想要成為什麼樣的人。在泰芮絲最後的政見聲明中，我們看到她展現自我認同和自主能動性的證據：她是造成改變的人。當我們看著她在面對一個問題和思考可能的解決方案所做的一切，我們看到了認知調節的證據。但泰芮絲願意如此認真看待學校學生自治團體的選舉——已經超越了一般將它簡化為人氣競賽的範疇——這是由古茲曼－桑奇絲老師及其前輩們制定的結構和期望所培養出來的。幾年前，藍道夫中學的教職員著手將學生自治團體塑造為學生培力增能的一項工具，他們也利用平台政見期望為公僕式領導和公共精神定下基調。

我們的社會是由生活在這個民主國家的人民不斷塑造和重新定義的，其持久性取決於每一代人參與公民論述的能力和意願。在這方面教育是非常關鍵的，但這涉及的不只是學科知識——關於政府、經濟學、政治學、法律體系、科學、邏輯和推理思考等等的重要知識，社會情緒學習才是檯面下一個常被忽略的核心要素。從父母、家庭、社區——當然還有老師——身上，學生可能學會或沒學會如何監控自己的情緒、自我調節和表現利社會的行為，尤其是在複雜艱難的時刻。

公共精神的定義

我們將**公共精神**（public spirit）定義為一個人主動關注和投注心力在自己所屬社群團體的福祉上。這些「社群團體」包括家庭、學校、鄰近社區、州或省、地區、國家和世界。我們將公共精神納入社會情緒學習（SEL）模式中，是希望強調 SEL 面對外在世界的部分，並且更加強化人們對這些技能是如何影響社會各個角落的認識。

阿斯本研究機構（Aspen Institute）的國家社會、情緒和學業發展委員會是由來自教育、研究、政策、商業和軍方的二十五名成員組成。這個委員會在 2018 年的政策白皮書中表示，首要目標是讓學生接受「他們有責任在社區裡扮演主動積極的角色，為公民生活做出貢獻」，並且進一步將「整合社會、情緒和學業發展視為學習的途徑，以實現這些目標」（Berman et al., 2018, p. 4）。

這就是公共精神的大致定義，讓我們花點時間想想它在現實生活中的展現。2018 年春天是許多年輕人人生的分水嶺，在佛羅里達州一所高中校園槍擊事件的推動下，學生們高聲抗議槍枝暴力，過去二十年來，這種震撼全國的校園槍擊事件已經有好長一串。我們知道，政治化的情勢引發人們對槍枝管制和美國憲法第二修正案保障持槍權利的激烈反應，但不管你

對第二修正案有何看法，請想想這群高中生的公民參與運動，他們採取公開的行動，以清晰和非暴力的方式表達他們的觀點。這些學生組織者是精明的溝通者，利用社交媒體傳播訊息並協調安排選民登記活動、罷課和抗議活動。他們運用第一修正案的言論自由與和平集會權利，忍受大眾批評，並且參與公開辯論。這提醒了我們，美國的某些「開國元勳」其實和這些學生的年紀相仿。例如，1776 年 7 月 4 日時，拉法葉侯爵（Marquis de Lafayette）的年齡是十八歲，詹姆斯·門羅（James Monroe）十八歲，亞歷山大·漢彌爾頓（Alexander Hamilton）二十一歲，西碧·盧丁頓〔Sybil Ludington，「女保羅·里維爾」（the female Paul Revere）〕十五歲。換言之，自美國建國以來，年輕人就已經開始參與公民活動。事實上，湯瑪斯·傑佛遜（Thomas Jefferson，他起草《獨立宣言》時是三十三歲）很有名的一句話是：「受過教育的公民是我們作為一個自由民族生存下去的必要條件。」

所有這些都說明，我們在學校教給學生什麼是很重要的。Lithwick（2018）將帕克蘭市學生激進的抗議行動歸功於「全面教育的力量」，並且進一步指出：

> 這些學生受過精心設計的戲劇、媒體、自由演講、政治行動主義和法醫學的教育，他們成為校園暴力危機的震央中心，並且以非常值得讚賞的方式來處理這個危機……。課外教育——以標準化測驗和成績排名之外的技能為目標的課程活動——造就了躍躍欲試、想要行使公民權的熱情公民。（¶9）

兒童和青少年公共精神的發展，要透過尊重自己和他人，同時並進的是要了解他們身為社群團體成員的道德責任。面對具有挑戰難度的問題的堅持力，對於公共精神也至關重要，因為社會問題並不容易解決。學生應

該要能公平、勇敢地運用正義原則，社區服務和服務學習應融入學科學習的經驗裡。最後則是培養學生的領導力，幫助學生找到自己的聲音。

　　這是我們整個社會的收益和回報。我們需要下一代的領導人擘畫出一條富含人道精神、促進成長的未來之路，他們需要從我們這邊學習蘊含公共精神的 SEL 技能，以利共同生活和工作。這些技能可以讓他們在面對挑戰時，依據重要的價值觀來採取行動，「追求他們可以為世界帶來的正向影響」（Berman et al., 2018, p. 4）。然而，目前成年人的公民參與狀況讓人驚訝又失望，根據「民主處於十字路口全國峰會」（Democracy at a Crossroads National Summit; Levine & Kawashima-Ginsberg, 2017）的簡報和其他人的研究（如 Desliver, 2016; Kristian, 2014）：

- 35% 的千禧世代（1981 至 1996 年出生者）表示他們對美國民主逐漸失去信心，只有 25% 對民主制度有信心。
- 24% 的美國千禧世代認為民主是一種「糟糕」或「非常糟糕」的國家治理方式。
- 四個美國人當中，只有一個人可以說出政府三大部門的名稱，但 75% 的人可以說出《美國偶像》（*American Idol*）選秀節目評審委員的名字。
- 五個美國人當中，有四個人認為不文明行為和政治癱瘓阻礙了國家的前進。
- 只有大約 29% 有投票資格的美國人參與了 2016 年決定主要政黨提名人的初選。

　　根據 2014 年八年級國家教育進展評測（National Assessment of Educational Progress [NAEP]; U. S. Department of Education, 2015）這項備受重視的測驗結果顯示，並非所有學生都準備好承擔公民領導的責任。公民教育的測驗成績十分糟糕，只有 23% 的學生達到了精熟程度。這與美

國最高法院首位女性大法官珊卓拉・戴・歐康納（Sandra Day O'Connor）的評論形成鮮明的對比，她指出：「作為公民，你需要知道如何成為公民程序的一部分，如何表達自己的意見──不只是投票而已。」（Gergen, 2012）

投資 SEL 的一個重要成果可能就是公民氣質和公民技能的發展，從而產生公民行動。教室就是實現這個目標的主要場所，教師要將學生在學校和生活中所需要的情緒、認知和利社會技能都匯集在一起，正如我們在本書中不斷倡議的，這些技能是相互交織的，而且不能被侷限在每週四十五分鐘的一節課裡。

在本章中的許多主題，傳統上都和品格教育有關。然而，「品格是複數」（Park, Tsukayama, Goodwin, Patrick, & Duckworth, 2017, p. 17），包含「以有益於個人及社會的方式來行動、思考和感受」的個人內在、外在人際和認知特質傾向（p. 16）。因此，本章探討的是採取行動為家庭、班級和更大的社區做出積極正向的貢獻。

◐ 尊重他人

公共精神的核心是對他人的尊重，尊重不只是「容忍」，「容忍」暗示著你把反對意見推到一旁，努力忍受他人的存在。對他人的尊重包含看到每個人生命的價值和重要性，無論彼此有何差異。此外，那些尊重他人的人也會體認到集體的力量是來自於彼此的不同之處，而不只是相似之處。尊重是主張和維護他人的權利。同理心（參見第五章）是尊重他人的關鍵，因為它需要一種關懷的態度，Noddings（2012）稱之為**關懷倫理學**（ethics of caring），但她也提出警告：我們太常將同理心建立在比較自己的感受和他人的處境。想想我們多常問孩子：「如果這種事發生在你身上，**你會有什麼感覺**？」好像主要的衡量標準就是先考慮自己。「但是，

關懷倫理學的同理心是他人導向，不是自我導向的。」Noddings 這樣說，提醒我們真正的同理心存在於仔細傾聽他人，目的是要聽見他人的想法和感受（p. 771）。

不尊重他人的同理心會迅速演變成一種膨脹的優越感，這種優越感具有破壞性，因為它會造成分裂而不是團結。舉例來說，障礙模擬活動讓參與者暫時性的體驗一種身體障礙（例如，被蒙住眼睛、使用輪椅），這種不真實的活動已經廣受批評，因為它強調的重點只是感官知覺的喪失而不是一種生活的體驗。障礙模擬活動還出現其他意料之外的相關後果，有些參與者提到，他們最主要的感受是慶幸**他們**沒有殘障，而這會導致社會疏離（social distancing）。此外，障礙模擬活動之後，參與者填寫的問卷調查結果，反映出他們對殘障人士的能力的信任度反而降低（Cuddy, Fiske, & Glick, 2007）。

當智力障礙學生莫妮卡（Monica）入學時，四年級教師莉雅・卡茨（Leah Katz）知道她必須確保成員情誼、同理心和尊重會成為這個教室社群團體的社會結構之一部分。這是莫妮卡進入普通班教室的第一年，她誰也不認識。在幾個月的時間裡，卡茨老師將 SEL 原則融入到學科內容的課程中。沒有人曾經提到智力障礙這個名稱；相反的，他們聚焦在欣賞和了解彼此的差異。例如，老師教導學生敘事寫作的技巧，學生運用描述性的語言來寫出老師發給他們的蘋果的獨特物理特性，然後老師提出挑戰：把學生的蘋果和其他十幾顆蘋果放在一個籃子裡，看看他們能否認出哪一顆是他們自己的蘋果。在數學課，學生調查了家人對馬鈴薯烹調方式的喜好（像是搗成泥狀或烘烤），然後使用長條圖繪製全班統計的結果。透過這些活動和其他融入 SEL 的課程，教學重點先是放在學科學習上，然後再放在他們了解自己和了解教室社群的方式上。在這一年裡，卡茨老師見證了同學與莫妮卡之間的友誼慢慢成形，包括邀請她參加校外的活動，如生日派對和看電影。最重要的是，她注意到「好多學生都發展出強烈的公

民責任感……他們滿懷興趣與尊重地提出關於文化、語言、種族、自覺能力和性別的問題」（Katz, Sax, & Fisher, 2003, p. 10）。正是在這些互動交流中，培養出對他人的尊重。

年紀較大的學生面臨著 24/7 新聞週期（一天 24 小時，一星期 7 天）的挑戰，這些全天候的新聞報導似乎一心一意要揭露一些人對人類同胞的極度不尊重。國中生和高中生需要一些空間，運用全體同意的一套核心價值與道德觀來處理和思考當前的新聞事件。八年級科學老師凱蒂・芭西隆（Katie Basilone）每學年都會從我們在第五章提到的同一套規範開始，運用這些規範來框架和構想發生在她的教室內和廣大世界裡的事情：

- 照顧自己。
- 照顧彼此。
- 照顧這個地方。

「我用這些規範作為我們討論各種事情的跳板，」她說。「實驗室的設備收好了沒？**照顧這個地方**。考試前複習你的筆記？**照顧自己**。為你的小組討論做出貢獻？**照顧彼此**。」不過有時候，校外的事件會干擾教學，必須要處理。芭西隆老師談到發生在他們社區的暴力犯罪事件：「我們需要談一談發生的事情。過去幾天，敵對的幫派成員發生了一連串的衝突，有一名年輕人死了。有人說這是因為**尊重**的問題，當我聽到這個說法時，我知道我們需要解釋一下這個概念。」

透過溝通圈（參見第五章），全班運用這三項規範來討論發生的事件。「我們一開始先將**地方**定義為我們的社區，以及尊重對於社區的意義是什麼。」她解釋道。從這裡往回推，他們辯論了尊重他人和尊重自己的定義：

這不是一場輕鬆的對話。他們十三歲了，有一些人因為家人或朋友

而與發生的事件有關聯。但我們必須好好想清楚什麼是尊重，什麼是不尊重。最重要的是，我們討論到我們個人的責任。

　　芭西隆老師的同事、八年級英語老師米哈伊爾·格雷伯（Mikhail Graber）在他的課堂上繼續這場對話。「我希望我們以一個教室社群來閱讀和討論一本書，」他說，「一本可以開啟話題的書，讓我們在艱難的道德選擇基礎上，一起討論如何做出決定，而不只是跟著眾人起舞。」然而，格雷伯老師不想選擇一本明顯和幫派有關聯的書，相對的，他選擇了 *Wringer*（Spinelli, 1996；中文版《小殺手》，小魯文化出版）。這本寓言式小說描述的是一個每年舉辦殺鴿慶典的小鎮和一個不想參與這件事的主角。波馬（Palmer）即將滿十歲，鎮民期望年滿十歲的男孩成為「小殺手」，跑到田野上扭斷被射中但尚未死亡的鴿子的脖子。他面臨來自同儕的壓力，還有他爸爸是公認最偉大的殺手之一，這樣的傳承也讓他備感壓力。然而，當波馬祕密的收養了一隻鴿子當作自己的寵物之後，他變得更堅決去抵制這個成年儀式的社會壓力。「學生的對話很棒，」這位英語老師說。「他們將幫派生活和波馬的道德困境相提並論。」全班同學以蘇格拉底式問題研討會（Socratic seminar）結束這本書的討論，他們援引芭西隆老師科學課的三項規範當作探究問題：在《小殺手》這本書裡，有哪些**照顧自己、照顧彼此、照顧這個地方**的挑戰？在我們個人的生活中又有哪些挑戰？

　　兩位老師都評論了有關「尊重」這共同語言的力量。「我們社區因為這個事件而震驚不已，我們要是假裝這件事沒發生過，其實是很對不起學生的，」芭西隆老師說。「我能夠藉此擴展尊重的概念，將我們的環境也納入考量。」格雷伯老師補充道，「我在學生寫的文章裡看到了對於**尊重**更細緻的定義。我們生活周遭常常有人丟出這個語詞，但它通常帶著**恐嚇**的意味。現在他們發現尊重其實複雜多了，我就是要他們思考這件事。」

⬤ 勇氣

　　勇氣是面對恐懼時的堅持力（Norton & Weiss, 2009）。它是一種行為或行動，而不是與生俱來的性格，因此，它會視情境而以不同的方式表現出來。有勇氣的行動要運用這本書其他地方討論到的許多元素，包括心理韌性、應對能力、正向的自主能動性和自我認同感，以及一連串利社會行為（Hannah, Sweeney, & Lester, 2010）。勇氣會展現在一個人明知有個人風險但仍堅持挑戰一個有意義的目標之時——而且這些風險通常是心理或社會的風險，而不是身體上的風險。有勇氣的行動包括為了他人挺身而出做出不受歡迎但符合倫理道德的選擇。

　　五年級老師泰瑞絲‧佩爾蒂埃（Therese Pelletier）運用文學圈的方式（Daniels, 2002）來探討年輕人在生活中如何表達勇氣。她預先瀏覽每一本書，然後要求學生列出他們最喜歡的兩本書。利用學生的回應，最近她設計了討論這五本小說的文學圈：

- *Esperanza Rising*（Ryan, 2000；中文版《風中玫瑰》，台灣東方出版）
- *Number the Stars*（Lowry, 1989；中文版《數星星》，台灣東方出版）
- *The True Confessions of Charlotte Doyle*（Avi, 1990；中文版《選擇：一名女水手的自白》，小魯文化出版）
- *The Crossover*（Alexander, 2015；中文版《喬希的球場》，晨光出版社出版）
- *Wonder*（Palacio, 2012；中文版《奇蹟男孩》，親子天下出版）

　　佩爾蒂埃老師解釋，她試著呈現一些超越歷史和當代背景的文學作品，「勇氣是一種持久不朽的特質，」她說。學生每週進行兩次的讀書

會，討論他們同意要讀完的部分。在討論了像是情節分析這類的文學面向之後，他們將注意力轉向勇氣的主題，使用一些引導問題（McConnell, 2011, p. 65）來架構他們的討論：**勇氣從哪裡來？有勇氣的行為可以如何影響別人？冒險精神和勇氣有什麼關係？耐力和勇氣有什麼關係？**

七年級英語老師凱爾文·帕克（Kelvin Parker）的課程標準包括正式的報告，而且他以其中一次正式報告為由，讓學生研究「勇氣」。每一年，他都會要求學生查閱獲頒國會軍事榮譽勳章或諾貝爾和平獎的得獎者名單，調查、選擇其中一個人來研究，並準備一份書面報告，說明這個人在面對恐懼時如何展現勇氣。「然後，」帕克老師告訴我們，「我要求他們選擇第二個人來研究——一位獲頒國會**公民**榮譽勳章、展現類似勇氣的人。」

國會公民榮譽勳章每年頒發給四種類別的個人和組織：個人英勇事蹟、服務行為、社區服務英雄以及年齡介於八至十七歲的年輕英雄獎。學生的正式報告是針對選定的這兩個人做分析比較。帕克老師解釋：

> 學生很容易看出像馬丁·路德·金恩博士（Martin Luther King Jr.）這樣偉大的人物是多麼勇敢，或者像蓋瑞·高登（Gary Gordon）和藍道爾·舒嘉特（Randall Shughart）這樣在摩加迪休戰役（Battle of Mogadishu）中犧牲自己以拯救他人生命的戰爭英雄是多麼勇敢。但這也令人生畏，他們心裡會想：「我永遠做不到他們那樣」。我想讓他們看到「平凡」人也很勇敢。真相是，這些人或我的學生一點也不平凡。我希望他們看到別人和自己的非凡之處。

我們不希望學生認為勇氣是一種只在別人身上展現出來的特質，或者勇氣全都是為了別人而冒著自己的生命危險。每一天，平凡人都默默運用恆毅力和決心來讓自己的世界角落變得更美好。因此，在〈公共精神〉這

一章中，我們回到堅持力和恆毅力，以探討它和我們如何與世界互動的關係。承擔和解決社區問題的能力是一項勇敢的決定，而且通常需要領導改變的人具有堅持力和恆毅力。美國各地都有學校在行事曆上安排「天才時光」（Genius Hour）和創客空間，讓學生探索新想法。「天才時光」的靈感，來自於 Google 公司承諾保證他們的工程師會有 20% 的時間從事自己感興趣的計畫，而這樣的做法也讓 Google 得到獲益回報，從 80/20 計畫研創出來的新想法，發展成為 Google 新聞和 Gmail。雖然 Google 的 80/20 計畫已於 2013 年終止，但這個計畫啟發了讓學生創新的教育應用。創客空間是這項作為的另一個成果，美國各地的學校和圖書館在實驗室中配備了 3D 列印機、軟體、電子設備和其他硬體，以支持 STEM 的教育作為，提供學生時間和空間能夠去探索他們熱愛的事物。

當問題不容易解決時，需要堅持力和恆毅力去幫助他人，而且也需要時間。天才時光和創客空間的作為應該期望學生在這些計畫中找到幫助他人的方法。亨德里克斯中學（Hendricks Middle School）的學生在提交「天才時光」計畫的提案時，會包含他們的探索研究將如何使他人受益的理由說明。「所有計畫都需要老師的認可，」阿莉莎・林肯－德懷爾（Aleesa Lincoln-Dwyer）說。「去年，我們在提案準則裡添加了另一項標準，學生要附上效益聲明：這項研究對其他人會有什麼助益？」林肯－德懷爾老師表示，一開始，這項效益要求對學生來說很有挑戰性，因為學生通常只是利用天才時光來探索自己個人的興趣。「我們想要他們好好思考，自己的學習可以如何讓別人的生活變得更好。」他們閱讀了 *The Boy Who Harnessed the Wind*（Kamkwamba & Mealer, 2010；中文版《馭風逐夢的男孩：威廉・坎寬巴》，維京出版），也觀看了威廉・坎寬巴（William Kamkwamba）談他建造風車翻轉未來的 TED 演講。「我們討論到威廉如何將他對科學的熱愛連結到改善家人和村莊生活的需求。」她提到學生評論說，威廉利用圖書館和廢舊材料的做法，與他們在籌畫安排「天才時

光」的方式，其實沒有太大的不同。

「那是一個轉捩點，」老師說。環顧圖書館，她指著一群群學生，他們正在研究火箭（「因為我們的太空計畫需要像我這樣的人才能把我們送上火星」）、監獄系統（「我周遭鄰居有太多人最終去了那裡，而且他們沒學到任何技能」）和水耕栽培法（「許多飢餓的人和氣候變化將會改變我們的耕作方式」）。林肯－德懷爾老師還指出，計畫的複雜度也增加了。「去年，我們的提案有如何製作史萊姆和怎樣練出更好的足球技能。並不是說它們沒有價值，而是大部分的計畫都只是聚焦在他們的生活，」她說。「在今年的計畫中，學生先回答一個問題，但接著又要解決三個新的問題。看到六、七年級的學生發現了自己對於複雜議題的投入度，是很棒的事情。」

◯ 道德責任

「這不公平！」你從學生那裡聽過多少次這句話？公平的議題對兒童來說尤其令人惱火，要將他們的關注焦點從自己的需求擴大到包括他人的需求並不容易。但是，道德責任要求學生將自己的情境融合到團體的情境裡，沒考慮到對團體的影響的公平就是自私。而且，負道德責任的決定有時候需要是非對錯的判斷，以及承擔起自己行為的責任。一個有道德責任感的人會以正直高尚、有原則的方式行事。在前面的章節裡，我們透過利社會行為（例如助人、分享、團隊合作）的角度討論過這些概念，這裡我們把範圍擴大到包含**社區和諧**這個公共精神元素。

在教育圈子裡，經常使用柯爾伯格（Kohlberg, 1963）的道德發展階段理論（參見圖表 6.1）來討論兒童和青少年的道德與倫理發展。非常年幼的孩子主要處於道德成規前期（pre-conventional stage），完全從自我中心的角度來做判斷。（想看到自我中心觀點的鮮明例證，請觀察一對兩歲

孩子如何爭搶玩具。）當孩子進入幼兒園和低年級時，他們進入了道德推理成規期（conventional moral reasoning stage），老是在爭論公平的問題。作為教育工作者，我們創造條件來影響兒童和青少年如何以及多快通過這些發展階段。就道德推理而言，年輕人一般可以在他們目前的發展期裡提高一個階段來運作思考，但通常不會再高了。因此，期望處於階段三的孩子能夠以階段五（這個階段是民主背後的基本原理）的程度來運作思考，是沒有用的。但是在階段三，他們可以提升到階段四，這也是民主的基石。

圖表6.1　柯爾柏格的道德發展階段

	階段	造成決定的因素	限制
道德成規前期	階段一：服從和懲罰取向	「那是不好的行為，因為我被處罰了。」	沒有什麼是非感。
	階段二：自我利益取向	「那對我有什麼好處？」	不會考慮別人的觀點。
道德成規期	階段三：符合社會標準取向	「我是乖男孩」或「我是乖女孩。」	開始出現社會意識來主控行為，但未必是內在的指引。
	階段四：社會服從取向	「規則和法律能維持社會秩序。」	倫理道德主要是由社會決定。
道德成規後期	階段五：社會契約取向	「所有人都有權利，也有不同的價值觀和意見。」	根據最多人的最大利益，透過折衷妥協來達成決定。
	階段六：普遍倫理原則取向	「法律必須以正義為基礎。一定要違抗不公不義的法律。」	懷疑有哪個人是始終如一的處於這個階段。

道德責任隨著一生的時間不斷演進發展，身為成年人的我們會面臨許多塑造我們的觀點和信念的經驗。不過，年輕學子一開始先在書籍文本和多媒體裡面臨道德困境的抉擇，能讓他們有所受益。這些作品裡的真實和虛構人物，掙扎苦思如何決定什麼是公平的、什麼是對的、承擔責任代表什麼意思，可以為學生照亮一條明路，當他們在生活中遇到類似問題時可以遵循。在 *One Grain of Rice*（Demi, 1997）中，印度國王必須面對自己對人民的不公平待遇。在 *David Gets in Trouble*（Shannon, 2002；中文版《小毛惹麻煩》，維京出版）裡，大衛必須承擔自己的過錯（譯註：此版本將主角 David 名字譯為小毛）。在 *Hunger Games*（Collins, 2008；中文版《飢餓遊戲》，大塊文化出版）三部曲和電影（Jacobson & Ross, 2012）中，主角凱妮絲（Katniss Everdeen）處理的是在反烏托邦的世界裡不斷變化發展的是非觀念。而在 *The Outsiders*（Hinton, 1967；中文版《邊緣小子／小教父》，小魯文化出版）中，小子（Ponyboy）則是必須為自己在兩個人的死亡事件裡的角色扛起責任。

　　湯姆・李維（Thom Reeves）老師班上的一年級學生透過討論圖畫書 *A Bike Like Sergio's*（Boelts, 2016）來探討道德責任。這個故事講述一位名叫魯本（Ruben）的小男孩，在去商店的路上發現了一張百元美鈔，他面臨一個道德兩難困境：是歸還鈔票，還是留下這筆錢去買一輛新腳踏車。他也知道母親可以用這些錢添購家裡需要的民生用品，因而感到非常困擾。魯本後來把錢還給了失主，但是他說：「關於什麼是對的事和什麼是失去，我很快樂也很混亂，既充實又空虛。」

　　在全班互動朗讀後的討論中，李維老師回到這句話，並請學生針對魯本矛盾的感受和決定，說說他們的想法。然後他將他們的見解記錄在兩張語言圖表上，其中一張上面寫著**快樂、充實**和**對的事**；另一張上面寫著**混亂、空虛**和**失去**。「他們真的需要努力去了解這些想法，首先是在故事裡尋找關於魯本兩難困境的雙方證據，然後是他們自己的意見，」李維老師

告訴我們。「並不是所有學生都信服魯本的決定就是他們會做出的決定，但我為我們創造了進行這些辯論的機會，讓他們可以探索自己的想法。」

　　八年級社會老師吉爾・艾蒙（Jill Ammon）使用美國《獨立宣言》和《憲法》的序言來檢視民主誕生時的倫理和道德。「這兩份文件都是美國立國基本文件。我發現，連結這兩份文件的一個有趣方法是讓學生分析天賦人權和不可剝奪的權利背後蘊含的倫理思考，」她說。「當我挑戰他們：這樣的國家系統竟然允許奴隸制度繼續存在了九十年，我們是否應該重新想想這些理想是怎麼回事？這時對話才真的熱烈起來。」她指出，對於青少年來說，檢視我們國家建國根基的道德責任的影響力是極其重要的。「他們正處於生命中的一個重要階段，開始意識到每件事情並不是『對或錯』那麼容易，」艾蒙老師告訴我們。「存在於理想和行動之間的模糊性是很難處理的議題。這些文件所傳達的社會契約，也為那些沒有發言權的人製造了隔閡，特別是婦女和被奴役的人。」

○ 公民責任

　　除了以正直高尚、有原則的方式行事的道德責任之外，社會成員還身負參與社區改善的責任。這種公民責任是參與式民主社會的標誌，追求的目標是讓所有人都能發聲和處理社會不公不義的問題。透過情緒和認知調節（參見第三、四章）培養出來的性格特質和技能，以及利社會行為（第五章），必須展現在更廣大的地方、國家和全球的社群中。全世界民主國家建立的標誌性原則都是以「人民有權做決定」這個理念為基礎。想想所謂**共和國**（republic）的定義：「最高權力屬於一群有投票權的公民的政府，由公民選舉產生的官員和代表來行使這些權力，對公民負責並依法治理國家」（*Merriam-Webster Online*, n.d.）。

教授美國歷史的肯德拉‧馬庫斯（Kendra Marcus）老師，運用 1787 年制憲大會（最終制定了美國憲法）馬里蘭州代表詹姆斯‧麥克亨利（James McHenry）的日記（參見 Potter, 2016），培養學生的公民責任感。這篇 1787 年 9 月 18 日的日記，描述了詹姆斯‧麥克亨利離開會場時在街上目睹班傑明‧富蘭克林（Benjamin Franklin）和一名婦女之間的對話：

> 一位女士問富蘭克林博士
> 博士，我們得到的是什麼
> 共和國還是君主制——
> 共和國，博士回答
> 如果你能維持它的話。

「我在開學第一週就介紹了這篇日記，它成為整個課程的核心主題，」馬庫斯老師說。「要維持『由人民做決定，而非國王做決定』的原則，代表的是我們所有人都必須積極主動的參與國家對話。」她的學校裡有大量從其他國家移民而來的學生，包含一些沒有身分證明文件的學生。

> 我知道其中涉及很多政治因素，而且我的一些學生因為公民身分問題和相關言論而感到心灰意冷。但我希望他們看到，他們的公民責任超越了身分證明文件。尤其是在地方層面，他們擁有能力做很多好事。

在整個課程中，馬庫斯老師經常回到富蘭克林提出的這個挑戰：維持共和國需要人民積極主動的追求。她的學生會從歷史的視角來檢視各種危機時刻。她解釋道：

密蘇里協議（Missouri Compromise）、原住民被迫遷移離鄉、廢止奴隸制度運動、爭取女權運動、進步時代、公民權利運動……所有這些歷史時刻，都是那些回應公民責任號召的人付諸行動，無論他們是否是有投票權的公民。

她又補充：「富蘭克林的話是我們的試金石，它是行動號召，但是否回應這個號召則是由我們決定。」

培養最年幼學生的公民責任的一個簡單方法是，鼓勵他們為自己的教室環境感到自豪並且照顧好教室環境。幼兒園和低年級教師可以建立班級常規，為學生制定清理工作空間、歸還文具用品和推回椅子的例行習慣。許多教師會讓學生輪流交換教室裡的工作，好讓每個學生都能體驗到做好一項工作的責任感和自豪感，以及它對教室社群的影響。一年級老師雷娜·羅美洛（Leyna Romero）貼出一張教室工作表，上面有每項工作分配的學生姓名。除了像排隊領導員和開關門員這種一般預期會有的工作之外，她還加入了一些以更顯著的方式讓整個教室變好的工作。「我分配的工作之一是指令指揮員，」羅美洛老師說，「這個人會重複我給全班的指令，如果指令讓人疑惑，他會問我澄清型的問題。這有一點像發言人。」她每週也會指定一個人擔任教室迎賓員。「我們有很多訪客，所以迎賓員會歡迎來訪者，解釋我們正在做什麼，並幫助他們在教室裡找到座位。」她利用其他工作來建立公民責任，包括綠色團隊，他們負責確保回收桶裡裝的是正確回收的物品，教室沒人時電燈是關的，以及將所有可做成堆肥的廢棄物送到學校的堆肥站。另一項教室工作是科技協助員，確保電腦推車已經上鎖並插上電源在夜間充電。

學生也在學校裡學習投票的後果。在卡崔娜·奧蒂嘉（Katrina Ortega）的四年級班上，學生們對許多大大小小的事情進行投票，例如，在教師簡要介紹兩本和某個主題有關的書籍後，他們投票要讀哪一本書；

投票決定評量的類型和班級的代表。學生們在全班投票前有時間分享他們的想法。例如，班上的一名學生溫斯頓（Winston）希望早上第一節課就是數學，而不是排在閱讀和語文藝術課之後。他問奧蒂嘉老師：「我們可以針對這件事情投票嗎？還是你已經決定了，這不是我們可以投票決定的事？」奧蒂嘉老師向溫斯頓保證投票是合理的，並表示在班級投票之前應該對課程的順序進行一些討論。他們同意下週一進行投票，並邀請學生在投票前的每天午餐後花十分鐘時間分享自己的想法。許多學生對於課表的改變或維持不變，都有各自的理由，正如奧蒂嘉老師提醒他們的：「任何一次的投票，都冒著會讓某些人失望的風險。我們是一個團體，所以我們也必須敏銳察覺輸掉選舉的人的感受。」班上最終進行了投票，課表也有了變化。其中一個沒有對改變投下贊成票的學生說：「沒關係。我的意思是我們還在學習。我喜歡下課休息後再上數學，但這樣也很好，真的。」

中學教師山繆・法蘭奇（Samuel French）和琳賽・法倫提諾（Lindsey Farentino）利用線上遊戲 iCivics 課程（www.icivics.org），這個課程最初是由大法官珊卓拉・戴・歐康納構思出來的。這個免費資源包含十九種不同的遊戲，加上一百五十個供教師參考的教學計畫。法倫提諾老師告訴我們：

> 身為英語和歷史教師，我們希望我們的學生在這兩個領域都達到精熟的標準。在這個課程裡的遊戲，他們可以同時培養語文技能和公民技能。我的學生特別喜歡「我有權利嗎？」這個遊戲（在遊戲中，學生律師要決定客戶的案件是否符合憲法），但我們會玩所有的遊戲。我們還使用課程推薦的教師格式，在學生玩遊戲之前，我們先教授並介紹某一課；在學生玩遊戲之後，我們再繼續上其他課。

獨立的研究顯示 iCivics 課程有效，例如，使用該課程學生的公民成績提高了 37%（LeCompte, Moore, & Blevins, 2011）。此外，當教師實施 iCivics 時，學生的寫作技能也有所提升（Kawashima-Ginsberg, 2012）。也許更重要的是，這兩項研究的結果在不同的性別、種族／族群和社會經濟地位的學生都是相當的。

我們服務學校的高中歷史老師每三週左右就會舉辦辯論會，學生和教職員就辯論主題達成共識，團隊開始準備。在學年的第一次辯論中，學生抽卡決定自己是贊成或反對的一方，然後老師將他們分配到正反方的團隊。雖然學生在課內有一些時間準備辯論，但他們必須在課外做大量的研究。隨著學生辯論技巧的增進，預先分配正反方的做法就被消除了。在第一學期結束時，他們必須為正反方準備論證，因為他們直到辯論當天才會知道自己被分配到哪一方。那一天，各小組抽出號碼和位置，與來自其他班級的團隊進行辯論（例如，九年級團隊可能會與十一年級團隊進行辯論）。我們的學生對他們的辯論技巧感到非常自豪，而且當裁判宣布獲勝者時，他們興奮異常。但是，正如我們的一位同事所說：

> 重點並不在於獲勝，而是公民行動與責任，重點是學習和思考，以及考慮一個主題的正反兩面。我們認為，由於我們在課堂上傳授的這些技能，我們的學生在長大成人以後，將更具有能力去參與公共論述和辯論。

◐ 社會正義

秉持公共精神的行動是由社會正義感驅動的。所有人的人權是教導學生社會正義的教學工作的基礎。正義不是復仇，而是追求他人生活品質的實質改善。1948 年，聯合國為了回應二次世界大戰造成的可怕災難而制

定了三十項基本人權宣言，具體展現了社會正義大致的工作。此後，《世界人權宣言》就成為其他宣言的奠基文件，包括針對身心障礙人士和兒童的人權宣言。這些世界人權包括言論和思想自由，以及免於匱乏、虐待、奴役和壓迫的自由，同時也概述了基本人權，包括關於食物、飲水、住所的權利和移動遷徙權。毫無疑問，最強而有力的是最後兩項：每個人都對他人負有保護他們的權利和自由的責任，以及，沒有人可以剝奪你的人權。

　　為他人倡議是兒童需要學得的一項重要 SEL 技能，而這取決於成人告訴他們如何進行倡議行動。年幼的學生習慣於被照顧，而不是照顧別人，因此他們在這方面的自主能動意識還沒有得到良好的發展。然而，小小孩也能造成大改變。Montgomery、Miller、Foss、Tallakson 和 Howard（2017）描述了一群「心懷大志的」（mighty-hearted）幼兒園學生，因為受到聯合國宣言第 26 條：「每個人都有受教育的權利」的激發而做的事情。他們全班一起閱讀各式各樣關於兒童權利和某些兒童生活處境的書籍，班上老師和其他人合作，為薩爾瓦多貧困社區的一所中學募款，好讓那裡的學生能夠繼續接受小學之後的教育。這些幼兒園的孩子與一位藝術教授和一位版畫師合作設計橫幅旗幟，出售這些橫幅旗幟為那所學校籌募資金。在計畫進行中和完成後對孩子的訪談顯示，他們「體認到自己的教育權利和優勢，同時也表現出對全球夥伴的關心及同理心」（p. 13）。

　　高中化學老師克拉克・安德森（Clark Anderson）運用 *Every Human Has Rights*（National Geographic, 2008）這本書，介紹科學對於促進所有人的社會正義所應負的倫理責任。這本攝影散文集以感人的方式介紹聯合國的人權宣言，並形成後續討論該領域道德議題的架構。安德森老師運用其中兩項世界人權（亦即，第 25 條關於生活水準和第 29 條關於所有人都有保護他人權利的責任），來架構有關密西根州弗林特市（Flint）水資源危機的教學。自 2014 年以來，弗林特市已有超過 10 萬人暴露在飲用水含鉛的危險中。他的學生學到維吉尼亞理工大學、環境保護局和赫爾利醫療

中心（Hurley Medical Center）的科學家們，為了逐年記錄暴露率和鉛對成人及兒童的毒害影響所做的努力。

利用這些發表的數據，安德森老師的化學課學生分析研究報告的發現，並使用地理資訊系統（GIS）網路地圖來定位鉛管區域。他的學生還調查當前為求降低對兒童造成的傷害的因應對策，也評論為減少進一步傷害所做的努力。「前期我跟他們在實驗室做了一個實驗，證明為什麼煮沸含鉛汙染的水不會降低鉛含量，」老師解釋。「然後我們研究弗林特市為了教育居民如何正確處理含鉛汙染水而採取的作為。」安德森老師很清楚他希望學生們知道的事：

化學、新聞學、醫學、教育──這些領域充滿著了解自己肩負確保社會正義實現的責任的專業人士。這需要勇氣和堅持，但如果沒有人認真負起這個職責，不知道會有多少人受到傷害。

◯ 服務學習

服務學習的運用，這種將學科學習與社區福祉融為一體的教育方法，在過去十幾年越來越受歡迎。服務學習不同於**社區服務**，後者主要是透過個人自願服務來實施。儘管社區服務有其價值，但它缺乏服務學習所帶來的互惠性，也就是學生會參與組織，「與他人合作，而不是為他人工作」（Boyle-Baise & Zevin, 2013, p. 217）。與社區服務不同，服務學習是學校、教師、社區組織和學生之間的合作夥伴關係（National Youth Leadership Council [NYLC], 2008）。一項服務學習計畫的目標是源自於特定學科的學習，強調課堂上教的概念如何在社區情境中實際應用。不過，服務學習的一個危險在於，可能會演變成一種慈善活動的形式，「引發的是憐憫，而不是對被剝奪權利的團體人士的同理」（Strom, 2016, p. 37）。

準備工作是關鍵，我們必須確保學生擁有需要的認知、社會和情緒工具來了解他們的經驗和自主能動性。

　　服務學習的名號已經被貼在一大堆校外活動上面，即使有許多校外活動根本不符合其聲明的目的。一次性的體驗，像是只有在感恩節假期之前為無家可歸者提供食物，除了產生憐憫、使自己與問題之間更有社會疏離感（「謝天謝地那不是我」）之外，不太可能產生持久的影響。NYLC 針對服務學習的互惠性質——對社區和個人產生正向的影響，制定了相關的標準（NYLC, 2008）：

- **有意義的服務**。服務學習積極地讓參與者投入有意義且與個人有關聯的服務活動。
- **與課程連結**。有目的地運用服務學習，當作達成學習目標或學科內容標準的教學策略。
- **反思**。服務學習融入多種具有挑戰性、持續不斷進行的反思活動，這些活動促使學生深入的思考和分析自己以及自己與社會的關係。
- **多樣性**。服務學習促進所有參與者對多樣性的理解和彼此相互尊重。
- **年輕人發聲**。服務學習讓年輕人可以大聲說出他們對於計畫、實施和評鑑這些服務經驗的想法，並有成人在旁引導。
- **合作夥伴關係**。服務學習的夥伴關係是協作性的、互惠互利的，並且可以處理和滿足社區的需求。
- **進度監控**。服務學習讓參與者投入一個持續的過程，以評估實施的品質和達成預定目標的進展，並利用評估結果來進行改善和強化永續性。
- **持續時間和強度**。服務學習有足夠的持續時間和強度來處理社區的需求和達到具體的成果。

服務學習較常與高中生和大學生聯想在一起，儘管它其實在年紀較小的孩子出現的頻率更高，前面提到的幼兒園孩子設計書籍橫幅旗幟計畫就是大班年齡層服務學習的一個例子。服務學習計畫可以學校為基地，例如，設計和照料一個社區花園，種植新鮮蔬菜和香草植物，供學校餐廳使用。鷹巢小學（Eagles Nest Elementary School）的五年級學生正在學習營養學，他們和學區的食品服務部門合作確定需要什麼蔬菜，並且和校園設施管理總監合作確定校園裡有哪塊地可以使用。其中一個團隊的學生和縣市合作推廣計畫的代表見面，諮詢了開墾和維持花園、選擇耐寒品種、了解病蟲害防治等問題。另一個團隊的學生與學校的親師會組織合作，協調家長志工來幫忙花園的建造。學生們制定了維護計畫，並且每週輪換工作，在上學期間澆水、除草、種植和收成。從幾年前學校的社區花園開設以來，後續的班級逐漸擴大它的範圍，增加了空間和用品，給社區鄰居種植蔬菜。

透過服務學習的公民參與對學科成就的影響很大，效果量是 .58（Hattie, 2009；請參見第一章關於效果量的討論）。除了學科學習之外，參與服務學習計畫的學生——無論是被要求或是自願的——在體驗這些經驗之後，都表現出更高程度的動機、自主性和自我決定（Kackar-Cam & Schmidt, 2014）。服務學習是學生展現他們在融入式 SEL 課程裡被教導的許多特質的機會，透過這樣的經驗，學生發展出自信心和能力。畢竟，如果你從來沒有接受真實測試的話，怎麼知道自己有能力勝任呢？因為有意義的計畫不會速戰速決，所以學生透過延宕滿足來學習耐心（參見第三章）。認知調節也是需要的，尤其是在設定目標和做決定上（參見第四章）。學生必須運用利社會技能，管理衝突，才能夠推進工作（參見第五章）。最後，當學生看到自己個人的力量可以造成改變，服務學習也培養了我們希望所有學生都能獲得的道德與公民責任。如果你覺得我們聽起來像是服務學習的粉絲，那麼你說對了。

⬤ 領導能力

　　培養積極投入和奮發向上的學習者是社會情緒學習的重要成果（Smith, Frey, Pumpian, & Fisher, 2017），但培養能夠吸引他人投入和激勵人心的領導者也同樣是社會情緒學習的重要成果。我們堅信要幫助每個學生找到內在的領導者；我們也堅信，這未必要涉及傳統的學生領導能力組織結構，例如學生自治團體、學生會和社團。相反的，我們同意 Nelson（2017）的觀點，他將**領導能力**定義為「幫助人們一起完成他們個人不會或不能完成的事情的過程」（p. 48）。

　　想到學生領袖，你的腦海中自然會浮現一個相當標準的形象：傑出的學業或運動成就、談吐得體、成熟。但 Nelson 提醒我們，也應該找出那些因學業或行為問題掩蓋了他們的天賦才能，潛力經常被學校忽略的學生，好好培養和調派他們，讓他們有出色的表現。他建議（而我們全力支持）可以參考「社會影響力問卷」（Social Influence Survey; Nelson, 2009），這份 25 題的問卷可在網路上免費取得（參見網址 https://stca.org/documents/2016/6/Kidlead%20Social%20Influence%20Survey.pdf），調查焦點放在個別孩子的行為上，但是由成年人作答。問卷中提出問題，調查這些行為的程度：同儕會不會跟隨這個孩子，這個孩子會不會設法協商談判；是否被視為「班上的小丑」；是否堅持自己的原則，就算其他人已經棄守。請注意，這份問卷的編寫鎖定的是問題行為，但也就是這些相同的特質，若能引導得當，將會產生一些最優秀的學生領袖。

　　排名第一通常是一件好事，但馬里蘭州馬利中學（Marely Middle School）的領導者對於學校的校園鬥毆事件數量全國排名第一感到非常沮喪，這是可以理解的（Byland, 2015）。在檢視學校停學和開除的數據資料，尋找其中的趨勢時，他們發現了一個特別令人憂心的趨勢：男性、非裔美國人、生活貧困的學生，被停學的次數是其他學生的四倍。行政管理

人員的回應是找出停學名單上「表現出色」的學生，並將他們改造成學校領導者。他們設立了一個領導力發展計畫，與這些學生建立關係，提供他們額外的學業輔導支持，並幫助他們發展控制衝動和解決衝突的能力。不到一學期，馬利中學的停學率明顯大幅下降，而且這些學生開始茁壯成長。假以時日，他們真的成為了學校的領導者——但首先，是學校教會了他們如何領導自己。

我們認為，學校必須提供除了學生自治團體（學生會）以外的領導機會，並提供更廣泛的選擇讓學生參與。在我們服務的高中裡，有一群學生參與服務學習，發揮領導力為鄰近高中的學生設計、主持一場年度心理健康研討會，並在研討會上發言。校內的其他學生設計了名為「理解日」的學校研討會，以促進學生團體之間的對話。學生決定議程表的內容並聘請主講人，學校所有的學生聚集在當地的會議中心，花一天的時間聆聽嘉賓的演講，和他們的同學討論多樣性的議題。去年，一個代表世界主要宗教的學生小組報告了有關這些信仰的誤解，以及這些信仰之間的共通性。其他發言者討論了有關性別表現、身心障礙人士賦權增能、自我決定等等的議題。第三項作為是整個學生團體全部參與，一起磨練他們的領導技能。學生們在學年即將結束的某個晚上，將學校的每間教室改裝成為家庭和社區舉辦的大學和職業論壇。每間教室由一個學生團隊來主持，他們會解釋自己的實習經驗（九到十二年級的每個學生都有實習機會），以及他們的職業志向和教育抱負。這項作為大部分是由學生主導，並有全體教職員工的支持。各個學生團隊必須共同合作，規劃來賓在教室裡將有什麼樣的體驗、訂購相關用品、協調他們的行程安排，並且獲得來賓的回饋意見。這些混齡的團隊為了呈現完美的成果，必須面對挑戰去解決衝突和達成共識。去年，在這三小時的論壇裡，我們接待了六百多位來賓。

● 要點總結

　　美國的開國元勳們認為，有兩個方法可以增加民主永續的可能性：第一是政府三權分立，相互制衡；第二個則是教育。他們推斷，民主的生存取決於受過教育的民眾願意承擔公民責任並參與公民行動。而且他們相信，這種學習可以在學校裡獲得。我們同意這點。學校可以成為年輕學子嘗試和履行公民義務的場所，學生在學校裡了解政府的概念以及參與決策過程對他們的意義，並在學習尊重他人的權利之時，學習倡議自己的信念。

反思問題

1. 你的學生有多少公民知識？
2. 他們在課程裡有哪些討論道德責任的機會？
3. 公民責任是重點嗎？學生是否有機會參與公民行動，例如透過辯論、討論、投票等等的活動？
4. 社會正義是教室課堂和學校不可妥協的原則嗎？
5. 服務學習可能如何改變你學校的 SEL 作為？
6. 你如何培養學生團體的領導能力？

Chapter 7

創造 SEL 學校

「希望並不是計畫。」

莎尼卡·貝爾（Shanika Bell）校長正在對她領導的學校 K-8 年級教職員說話。光芒領導力學院（Bright Lights Leadership Academy）裡的教師和行政人員對於在學校採用 SEL 課程計畫非常感興趣。幾位教職員剛參與完一場全國研討會，他們參觀了幾個攤位，看看有什麼課程教材可以用。他們興奮地分享收集到的一些小冊子，並且談論每一種課程教材相對的優點。「有一些還附專業發展課程，所以我們可以有一位訓練講師到學校指導。」一位老師指出。

貝爾校長仔細聆聽，然後提問：「這些聽起來都很不錯，各有特色，但是我們怎麼知道這就是我們需要的？」沉默片刻之後，一位老師提出：「我們希望這會是很適合我們全校的好選擇。」就是在這個時候，校長說出：「希望並不是計畫。」

接著貝爾校長細數學校過去進行其他方案的成功經驗，像是發展實踐社群（communities of practice）。「現在，不要忘記我們過去做了什麼才讓我們有此成就，我們檢視了學校的資料，我們邀請學生家長一起來做決定，我們也為自己設定目標。我們難道不應該堅持這種對我們很有用的決

策方法嗎？」教職員的直覺告訴他們，社會情緒學習的課程教材能幫助他們促進學生的生活，但他們也同意，在一頭熱的當下，他們忽略了某些重要的步驟。貝爾校長很滿意這樣的討論方向。「我同意 SEL 課程可能很有價值，但我們需要選擇正確的課程，把它變成我們自己的課程並且融入到每天的教學當中，而非只是提供單一獨立的幾堂課。那麼，我們開始著手吧！誰要領導一個資料工作小組？還有，在這個過程中，我們也需要有一些人來收集家長的聲音。」

在校長的領導下，光芒領導力學院的教職員正在執行一些良好的學校決策做法。現在市面上有多種優質的 SEL 課程教材可供選擇──但哪一種適合**你的**學校？這些教學做法如何成為學校結構脈絡的一部分，而不僅僅是每週四下午才教一次的東西？而且，如何利用家庭和社區的優勢，好讓全然融入式的社會情緒學習得以實現？

◔ 建立 SEL 知能

研究的結論非常明確：除非學校裡的成人能夠將教給學生的 SEL 原則融入日常教學，並且善加運用真實生活情況，要求學生實際應用這些原則，否則這些原則是不會被學生認同與接受的（Jones et al., 2017）。

建立教育者 SEL 知能的簡單答案是專業發展（professional development, PD），但缺乏目的的 PD 是沒有效果的。單獨分開的幾次研習，如果和全校的共識以及由此產生的方案沒有連結關係，就不會被老師認為重要，也不太可能獲得必要的認同支持。而且，如果沒有後續跟進的作為，包含教練指導和監督進展，那麼在面對各種相互競爭的工作要求下，即使是精心設計的 PD 也會萎縮消失。

SEL 應該穩固地與學校的各個面向相結合，包括資料系統、家庭參與

和學區目標。讓這件事發生的唯一方式是透過仔細的規劃和追求明確的目標。Jones 及其同事（2018）提出了一個四階段的方法：

1. 運用資料來指引決策過程。
2. 納入關鍵的利害關係人。
3. 確認需求和目標。
4. 根據目標來選擇一種課程或方法。

我們進一步主張，只有當學校教職員審慎周密、協同合作的投入這個四步驟過程，方能建立必需的知能，讓 SEL 的努力作為得以成功。融入式 SEL 不是一次性的事情，也不是這個四步驟的過程，它是不斷遞迴和重複的，學校必須根據目前取得的成長和過程中出現的更嚴峻挑戰，不斷監控和改善他們所做的工作，以促進學生的社會與情緒發展。

讓我們更仔細看看每個步驟如何逐漸累積成有效的全校 SEL 作為。

運用資料來指引決策過程

從檢視你學校的現狀開始。其中一些工作是顯而易見的，例如分析學校氛圍資料以發現優勢之處和成長機會。大多數學區每年都會收集這些資料，是關於霸凌、師生關係和學習環境的豐富資訊來源，以作為安全和健康學校舉措的一部分。這些資料應該進一步彙整，按照年齡、性別、社會經濟地位、語言和課程狀態來分析其中的趨勢。

然而，我們提倡一種「深入檢視角落」（looking in the corners）的資料分析方法，這種方法試圖超越表面層次，去發現這些資料隱藏在不起眼角落裡的各個面向（James-Ward, Fisher, Frey, & Lapp, 2013, p. 38）。舉例來說，全國各地的學校都會增列「學生熱點地圖」（student hot-spot maps）作為學校氛圍資料的補充，它是學校氛圍問卷調查的一部分，學生會收到一張學校地圖，並被要求圈出他們感覺不太安全和發生霸凌行為的區

域——這些區域通常是公共場所，例如學校餐廳和公車乘車區。這些地圖可以警示成人可能需要經常出現在學校的哪些地方，以及他們在哪些地方有機會強化 SEL 原則。這些地圖也可以開啟對話，討論已經身處這些空間的成人（例如學校餐廳員工和督導人員）是否擁有必要的專業訓練和支持，能夠自己採取有效的行動。

第二個重要的資料來源是教職員工本身。學校建立公平性查核（Building Equity Audit）當中有一部分是專門用於 SEL（Smith et al., 2017）。這項查核工具是在我們服務的學校開發和試行的，用來調查教職員工和學生對於公平取向學校教育這五個方面的看法：

- 物理環境的融合（physical integration）
- 社會情緒投入度（social-emotional engagement）
- 學習的機會（opportunity to learn）
- 教學的卓越度（instructional excellence）
- 積極投入和奮發向上的學習者（engaged and inspired learners）

查核裡有關社會情緒投入度部分的 20 個問題，是設計來了解教職員工對於學校支持學生諮詢輔導和心理健康需求的系統，以及紀律管教和出勤政策之有效性的看法（見圖表 7.1）。

與其關注學校是否教導 SEL 原則，我們選擇將焦點放在結果上面。害怕上學或覺得自己和學校沒有連結關係的學生會導致長期的缺席；與同儕和成人的關係非常緊張的孩子會有更多時間翹課；對於那些帶著更棘手的心理健康需求到學校裡來的學生，教師通常會敏銳察覺到他們有許多未被滿足的需求。其他需要透過 SEL 的視角來檢視的資料來源，包括出席紀錄、停學率和開除率。與這些議題相關的不平等現象可以揭露差距和缺失，並且讓我們注意到需要更密集介入協助的學生。

圖表7.1 學校的社會情緒投入度評量

社會情緒投入度

1. 學生的社會與情緒需求——從利社會技能到對創傷的回應——在我們學校得到充分的支持。

2. 學生在學校裡感到安全。

3. 如果學生的心理健康和福祉出現問題,教師們知道該怎麼做。

4. 需要諮詢輔導和社會服務的學生都可以獲得這些服務。

5. 我們學校不存在霸凌問題。

6. 有些學生不敢來學校。

7. 教師和職員表現出他們關心學生。

8. 我們關心、支持和指導某些學生課堂之外的表現。

9. 學生在學校至少有一名成人關心、支持和指導他們。

10. 我們強化正向的種族和人際關係,以更深入了解來自不同背景的學生,並且和他們互動。

11. 我們是一群有文化素養能力的教職員工。

12. 我們學校制定了旨在提高學生出席率的計畫和政策。

13. 我們需要花更多的時間來試著提高學生的出席率。

14. 我們學校的紀律管教計畫是修復式管教,而不是懲罰式管教。

15. 教職員接受專業發展訓練,以幫助我們了解和實施全校紀律管教計畫。

16. 我們了解並支持全校的紀律管教方法。

17. 學生重視與教師之間的關係。

18. 在行為不當時,學生會受到公平公正的對待。決定學生行為後果的基礎是關懷倫理,而不是族群特徵。

19. 在行為不當時,來自特定次群體的學生會受到與其他學生不同的對待。

20. 來自特定次群體的學生被退學、停學或開除的可能性比較高。

資料來源:轉載自 *Building Equity: Policies and Practices to Empower All Learners* (p. 193), by D. Smith, N. Frey, I. Pumpian, and D. Fisher, 2017, Alexandria, VA: ASCD. Copyright 2017 by ASCD.

第三個資料來源是父母和家庭。我們特別喜歡了解剛進學校的新家庭的觀點，因為他們尚未習慣現狀。在他們入學幾週以後，我們會寄給他們一封歡迎信和家庭問卷調查的第一部分，以評估我們初步推展的有效性（見圖表 7.2）。我們相信，這封信本身向學生的家人傳達了他們對學校組織極具價值的正向訊息。此外，我們每年都將問卷調查的第二部分寄給所有家庭，以協助我們找出需要改進的方面。從這些工具收集來的資訊，在家庭和教師之間架起了一座溝通的橋梁。

匯集起來，這些資料來源提供了學校 SEL 現狀的初步看法。這些資料應該與教職員分享，當作展開 SEL 討論的一種媒介。但請注意，有些教職成員可能會想直接跳到解決方案，而繞過深思熟慮的分析。這是一個常見的錯誤，往往會產生過度膨脹的行動方案，焦點分散、策略過多，難以監控和支持下去。

在跳到尋求解決方案之前，我們會運用一種簡單的操作程序來促進分析和提問。在分享資料後，我們分成八人小組，按照名為「觀察和發想」（Observe and Wonder）的兩回合過程來進行。在第一回合當中，每位成員花五分鐘寫下多個客觀的觀察，一張便利貼寫一個觀察。接著每個人輪流，一次分享一個觀察，直到所有觀察都分享完畢為止。然後，小組的引導員將便利貼分成一堆一堆，將相似的觀察放在一起，並為每一堆取一個標籤名稱。在第二回合當中，重複這個過程，這次運用「我在想……」（I wonder...）當作問題的題幹。在成員分享了所有的疑問之後，引導員（同樣運用來自小組成員貢獻的想法）將問題分成一堆一堆——並在此時確定有哪些類別。最後全體成員聚在一起，每個小組分享他們從資料分析裡提取出來的類別，這些類別探討的是資料內部和跨資料來源之間的趨勢或模式，並沒有陷入個別策略的討論而破壞這個過程。然後全體根據初步的發現，列出需要邀請參與的重要利害關係人清單，並歸納總結我們組織希望從這些人獲得什麼進一步的洞見之後，討論結束。

我們想了解您對於學校在滿足您的家庭需求和孩子需求上做得如何的看法，以及您對學校經驗的感受。

- 回答沒有對錯之分，我們只對您的意見感興趣。
- 您的回答會保密，而且會與其他家長的回答合併在問卷調查結果報告中。
- 您貢獻的想法非常重要。我們會總結歸納問卷調查結果，用來改善學校的作為，強化家長與學校的夥伴關係。

您的孩子（們）就讀幾年級？（請圈出所有適用的選項）

K　　1　　2　　3　　4　　5　　6　　7　　8　　9　　10　　11　　12

這些孩子當中，有人去年就讀於我們學校嗎？　□是　□否

當您拜訪學校時……	所有時候	多數時候	有些時候	從來沒有
接待人員友善且樂於幫助您嗎？				
教師平易近人嗎？				
行政人員平易近人嗎？				
您覺得受到歡迎嗎？				

哪個方式是學校與您或您家人溝通的最佳方式？（請選擇所有適用的選項）
- □學校的備忘通知（電子郵件、網站、信件等）
- □孩子的教師
- □諮商輔導員
- □直接聯繫（電話、校訪／家訪、會議）
- □其他（請具體説明）：_____

關於與學校的溝通，您還有什麼想告訴我們？_____

_____

_____

_____

（續）

上個學年，學校是否有人與您聯繫以下這些方面：（請選擇所有適用的選項）

☐ 您孩子學業上的成功

☐ 您孩子學業上的困難

☐ 您孩子的正向社會行為

☐ 您孩子的負向社會行為

☐ 您孩子得到表揚的卓越表現（體育、音樂、志願服務等）

☐ 沒什麼特殊原因，只是為了聯繫（打招呼、自我介紹等）

☐ 其他（請具體説明）：＿＿＿＿＿＿＿＿＿＿＿＿＿＿＿＿＿＿＿＿

關於您孩子的成功和困難，您還有什麼想告訴我們？

＿＿＿＿＿＿＿＿＿＿＿＿＿＿＿＿＿＿＿＿＿＿＿＿＿＿＿＿＿＿＿＿＿＿

＿＿＿＿＿＿＿＿＿＿＿＿＿＿＿＿＿＿＿＿＿＿＿＿＿＿＿＿＿＿＿＿＿＿

您同意或不同意以下陳述的程度為何？	非常同意	同意	不同意	非常不同意
學校對我的孩子期望很高。				
學校清楚地向我和我的孩子（們）傳達了這些期望。				
我的孩子正在學習他（她）畢業後獲得成功所需的知識。				
我的孩子在學業或社交方面有困難時，他（她）會得到幫助。				
課程及活動讓我的孩子保持興趣和動機。				
我的孩子在學校很快樂。				

關於我們學校，您還有什麼想告訴我們？＿＿＿＿＿＿＿＿＿＿＿＿＿＿＿＿

＿＿＿＿＿＿＿＿＿＿＿＿＿＿＿＿＿＿＿＿＿＿＿＿＿＿＿＿＿＿＿＿＿＿

＿＿＿＿＿＿＿＿＿＿＿＿＿＿＿＿＿＿＿＿＿＿＿＿＿＿＿＿＿＿＿＿＿＿

感謝您撥冗完成這份問卷。如果沒有您們這樣的家庭，我們不可能成為全宇宙最好的學校。

資料來源：轉載自 *Building Equity: Policies and Practices to Empower All Learners* (pp. 38-39), by D. Smith, N. Frey, I. Pumpian, and D. Fisher, 2017, Alexandria, VA: ASCD. Copyright 2017 by ASCD.

納入關鍵的利害關係人

若能有家庭、學生和學校教職員（包括各類員工和有證照的人員）的參與，SEL 方案計畫的成功率會大幅增加。當你考慮要讓孩子一整天的時時刻刻（其實，也是成人的時時刻刻）都接觸到社會情緒技能和傾向時，取得各類利害關係人的支持協助是明智之舉，這些人都可以提供有關全體學生目前的需求和優勢，以及哪些組織政策會阻礙或強化 SEL 的印象和想法。學生焦點小組是提供訊息的絕佳來源，在形成焦點小組時，應該考慮到各類學生不同的經驗，畢竟，當選學生自治團體的領導者，與不屬於任何學校社團或不參加任何學校體育校隊的學生，可能會有不同的觀點。再次提醒，你要「深入檢視角落」，盡可能收集更多的觀點。

這些學生小組應該由一名主持人領導，他能讓對話持續進行，並確保對話聚焦在預先準備好的幾個問題上（數量宜適中，最多五到十個問題）。告訴焦點小組的成員這次活動的目的，也可以讓他們積極參與這項方案。我們發現，與焦點小組分享一些相關資料並詢問他們的反應（「關於學生是否相信學校關懷學生的數據資料，讓你感到驚訝嗎？這數據比你想的來得高還是低？」），這個做法很有用。下一步，我們詢問他們對正向替代方案的想像，例如，你可以分享學校餐廳員工提到餐廳是學校熱點的次數的數據，收集他們對這項數據的反應，接著請他們說說更平和的學校餐廳會是什麼樣子。在我們工作的學校，我們在管理部門辦公室的平板螢幕上發布調查數據，並加上這個提示：「我們可以怎樣做得更好？」來徵求眾人的想法。其中有些資料數據會事先被標示為有問題的指標。我們詢問觀看者的反應，他們可以匿名寫下來並放入旁邊的建議箱裡。我們對於大家的參與程度感到驚喜，尤其是來學校接孩子或參加會議的學生家長的意見。請牢記這些方法的公共關係面向，透過詢問，你正在邀請利害關係人參與決策過程，並且表明你的價值觀。

確認需求和目標

為了決定你學校的具體需求和目標，我們建議使用根本原因分析（root cause analysis, RCA）：檢視資料顯示出來的需求和利害關係人告知的需求，考慮可能阻礙學生進步的內部及外部因素，並弄清楚你將要採取什麼措施來拆除這些阻礙（或者提供越過或繞過阻礙的路線）。一位資深的學區行政長官曾經對我們說：「每個系統都是經過精細的調整，才會產生它所得到的結果。」的確如此，所以，為什麼不探討一下改變系統會如何改變那些結果呢？

我們使用的根本原因分析程序，包含六個因素（James-Ward et al., 2013）：

- **學生因素**。除了人口結構的統計資料之外，許多學生因素也可能具有啟發性，包括出席紀錄和學生氛圍資料（例如：對學校的印象）。

- **外部因素**。儘管這些因素（例如：財政支持、社區犯罪率、圖書館使用權、家長支持）是在學校外的因素，但還是會影響學校內部發生的事情。

- **組織結構**。每所學校都有一個包含教職員工、角色和職責的結構，以及內部的績效責任程序。舉例來說，學校是否運用專業學習社群或其他一些協同合作的流程？學校的諮商輔導員或社工有沒有機會和這些團隊見面、討論資料？

- **組織文化**。發生在學校內部的互動關係能夠阻礙或強化組織文化。全體學生每天早上在戶外聚會以開始新的一天的學校，與一年只有幾次集會的學校，有不同的組織文化。為了達成教師協作的目的而要求依照年級或學科部門進行「學習走察」（learning walks）的學校，與老師們心照不宣的期望不會有人觀察他們教學的學校，也有

不同的組織文化。

- **教學**。我們特意將最後這兩個因素——教學和課程——放在根本原因分析過程比較後面的部分，正是因為它們通常是學校在解決一個問題時自然而然會先想到的兩個因素。優質教學是衡量學校裡發生的事（或沒有發生的事）的一個主要指標。但是，如果未先考慮可能妨礙優質教學的其他系統，就立即跳到這個因素來檢討，無異於是在即將沉沒的船上重新布置甲板躺椅一樣。

- **課程**。當談到 SEL 時，許多學校的反應是購買一套課程教材，然後就此收工。無可否認，有許多可靠的免費或商業課程教材可供使用。但是，有許多評價很高的車型可供購買，只因為它是一輛好車，並不代表它就是適合你的那一輛車。同樣的，只有在仔細研究你學校的需求之後，才能選擇課程教材或方法。

透過根本原因分析找出來的一些因素，可能無法經由學校的努力作為來處理，但這並不代表它們不應該被指出來。而且要補充的關鍵點是，儘管這些因素存在，但它們並不一定能預測學生的結果。例如，芝加哥學校研究聯盟（Bryk, Sebring, Allensworth, Luppescu, & Easton, 2010; Burdick-Will, 2013）報告指出，學校安全的最佳預測指標是學校組織裡的社會資本、學校學生的學業成就，以及學生與成人之間的關係。學生貧窮和社區犯罪率並**不是**學校安全的預測指標。換言之，投資 SEL 來促進學生和成人之間形成正向的關係網絡，有助於促進學業成就和安全空間，儘管它不會改變學生的社會經濟地位或社區犯罪率。

一旦根本原因浮出水面，工作團隊就可以著手發展目標，運用這些目標來指引學校監控進展和評鑑方法。發展目標的一種常見形式是 SMART 目標過程。SMART 目標是指明確的（Specific）、可衡量的（Measurable）、可達成的（Attainable）、結果導向的（Results-oriented）、有時效性的

（Time-bound）目標。這些其實是一系列的目標，不是單一目標，而且應該用來衡量進展和有效性。例如，與 SEL 方案有關的 SMART 目標，讀起來可能像這樣：

- 到學年結束時，K-1 年級的學生能夠舉出至少三個例子，說明他們在感到悲傷、憂慮或害怕時，會如何管理自己的情緒。（情緒調節）
- 在第一學期結束時，國中學生能夠指出他們準備考試所運用的技巧，並反思他們運用這些技巧的好壞程度。（認知調節）
- 到九年級學年結束時，所有學生都能夠提出、實施並反思一項服務學習計畫。（公共精神）

運用來自各種來源和利害關係人的資料而發展出來的目標，是更有可能實現的目標。根本原因分析更進一步深入剖析學校所使用的目標，因為它將許多導致學校目前狀態的因素都列入考量。這對於發展可行的 SEL 學習方案至關重要，因為它避免我們天真的以為只需要「修理好」學生，然後一切都會變好的思考陷阱。透過仔細檢查各種系統，發展符合需求的目標，我們讓自己具備了監控進展和評鑑課程計畫的能力。

根據目標來選擇一種課程或方法

顯然，如果沒有仔細思考數據資料，讓利害關係人參與、找出學校特定的需求和目標，就全然相信或購置某種 SEL 課程或方法，將會是一個很大的錯誤。沒有數據資料分析，學校就會冒著盲目選擇幾乎沒有需求證據的課程的風險；沒讓利害關係人參與，實際上等於保證一個方案會因為教師、學生或家庭非常有限的支持而注定失敗。這個方案反而會被認為是又多了一件事情要做，而且幾乎可以確定，當行事曆的排程密密麻麻時，這將是第一個被丟下的事情。即使是經過仔細研究的課程或方法，如果它

們的目標和找出來的學校需求不一致，也可能會導致實施落差的風險。SMART 目標為學校領導者和教學人員提供了監控和調整教學實務的方式。

　　現在，掌握所有這些資訊以後，就到了選擇一種課程或方法的時候了。很可能，搭配你們找出來的學校需求，最有效的是當地設計的某種方法。許多學區選擇這條路徑，因為他們想要依據社區為本的文化規範、當地優勢以及與外部機構成為合作夥伴的機會，來客製化他們的 SEL 作為。如果你的學校或學區決定客製化方法是正確的路徑，請牢記這些品質指標以發展出一個有效的系統（Jones et al., 2017）：

- **教室活動應該包含核心課程，並且延伸到核心課程之外。**SEL 的原則必須融入到學術性的學科領域和紀律管教當中，也要融入非學術性的情境，如午餐、下課時間、課後活動、運動和社團。

- **改善文化和氛圍的全校性作為應該積極支持課堂上的作為。**晨間例行活動、管理部門辦公程序、網站和社群媒體管道都應該運用來促進 SEL 的作為。

- **課後的活動應該運用來支持 SEL 的作為。**課程計畫的研發應該包含提供課後人員使用的素材和策略，尤其是當這些人員並非學校正式的教職員工時，這一點特別重要。

- **SEL 的方法應該善加利用當地的情境。**不要忽視長期存在的社區合作夥伴，像是大學和企業公司等等，以擴大 SEL 的作為。讓家長—教師組織參與這項課程計畫的持續實施。

- **安排持續不斷的專業學習機會以深化成人的技能。**太多的方案之所以失敗，是因為專業發展只發生在一開始介紹方案工作的時候，未能持續進行下去。而且別忘記，有些人是在 SEL 方案已經實施一段時間後才加入組織的，新進學校的人員要如何了解這個課程計畫？

- **指定對 SEL 方案的支持和協助**。如先前提過的，從最初採用方案到長期持續的作為，需要跟進行動的落實和教練式的指導。然而，這些不是輕易就能發生的，學校領導者應該與教職員合作，想出多種方式來為教師提供持續不斷的支持和協助。

- **使用與目標一致的工具來評量結果**。這些工具可能包括：供教師用來評量學生表現的檢核清單和其他非正式的工具，以及收集參與這項工作的成人回饋意見的問卷調查。SMART 目標可作為一種工具，用以決定學生的學習成果和找出必須修正調整之處。

- **使用工具評估實施情況**。新方案可能起步緩慢，也可能一開始有能量大爆發的驚喜，但隨著學年進展而逐漸偏離最初的使命。有一些實施工具，像是日誌和課室走察，可用來評估全校正在進行的狀況和實施的程度。

- **最大限度提高家庭的參與度**。學生的家庭是我們擁有的最佳資源之一，但學校有時候未能讓他們發揮最大的效能。如果家庭不知道學校裡發生什麼事，他們就無法支持以學校為本的 SEL 作為。請務必在家庭聯絡簿或學校通訊中放入相關訊息，並在學校安排一些以 SEL 和學科學習的連結關係為重點的說明式活動。

- **社區參與**。SEL 努力成果的真實展現在於年輕人服務社區的方式。學校可以培養社區合作夥伴來支持服務學習計畫，同時也應該邀請社區領袖在職業博覽會、家庭之夜和其他活動裡分享他們的專長知能。

這些相同的原則也適用於出版商的 SEL 課程教材，而且在評估它們相對上有多適合你的學校或學區時，這些原則應該成為你要尋找的特徵。在華萊士基金會的贊助下，發展了名為「從內到外探索 SEL」（Navigating SEL from the Inside Out）的工具（Jones et al., 2017），它相當實用，我們

真心推薦。研究團隊檢視了二十五套國小 SEL 課程教材，並且提供每套課程教材的詳細資訊，以便進行比較。他們的報告包含了此處提出的品質指標的具體資訊，以及選擇和實施的指南。

◑ 全人兒童教育方法

對於以 SEL 為重點的學校來說，ASCD 的全人兒童教育方法（Whole Child Approach; www.ascd.org/whole-child.aspx）是另一個強大的工具。全人兒童教育方法的五大信念直接呼應了本書所闡述的意圖：

1. 每個學生都**健康**的進入學校，學習並實踐健康的生活方式。
2. 每個學生都在學生和成人身心**安全**的環境中學習。
3. 每個學生都積極**投入**學習，並與學校和更廣大的社區建立連結關係。
4. 每個學生都獲得個人化學習的機會，並且有稱職、關懷的成人**支持**他們。
5. 每個學生都受到鼓勵去**挑戰**學科學習，並且做好準備，能夠成功就讀大學或進一步深造，在全球化的環境中能夠就業和參與。

「ASCD 學校改進工具」（School Improvement Tool; http://sitool.ascd.org/）是符合這些信念的需求評估問卷，問卷裡的問題涉及學校的氛圍與文化、家庭和社區參與、專業發展以及教職員能力等方面，所以可以為學校收集資料。「學校改進工具」也包含社會情緒學習，能為你的學校或學區提供有關你們目前狀態的寶貴資訊。

⬤ 要點總結

　　我們在第一章開頭就論述了為什麼現在是社會情緒學習應當受到更多關注的時機。正如我們所強調的，無論教育工作者是否有意教導 SEL，他們實質上都在教導 SEL。我們教學的方式、我們如何教學以及我們選擇**不教**和**不做**什麼，都大聲又清楚地傳達了我們的價值觀。在世界似乎越來越快速變動的時代，年輕人仰望周遭的成人來教導他們生活的智慧，學習如何成為積極投入和奮發向上的人——幫助他們發展出在教室裡和教室外所需要的核心技能。事實上，我們有些人可能也在想：為什麼教育工作者花了這麼長的時間才完全承擔這個責任？有句諺語說：「種一棵樹，最好的時機是二十年前，其次是今天。」

　　你要種什麼樹？什麼時候種呢？

社會情緒學習的文學資源

　　故事類讀物和知識類讀物是激發學生對話討論社會情緒學習基本理念的絕佳方式，本書引用了許多例子，但並不夠詳盡完整，可用的讀物還有很多。Helen Foster James 是語文研究者也是童書作家，她整理了這份附加說明的書單，提供更多的書籍，在整合 SEL 和你的教學時可以考慮使用。

自我認同與自主能動性的教學資源（第二章）

圖畫書

◇ **Brennan-Nelson, D., & Brennan, R. (2008).** *Willow.* **Ann Arbor, MI: Sleeping Bear Press.**

威樂（Willow）擁有藝術家的靈魂和表達力，在美術課上她總是不遵守規則。雖然受到責罵，但她並沒有失去自信心。

◇ **Byrd, B. (1994).** *The table where rich people sit.* **New York: Atheneum.**

山中女孩（Mountain Girl）抱怨她的父母不在乎金錢和擁有花俏的東西，但她的家人圍坐在桌子旁，討論「有錢」真正的意義是什麼，以及在一個人的生活中要如何看待「有錢」這件事。

◇ **Carlson, N. (1988).** *I like me!* **New York: Viking Press.**

本書的明星是一隻活潑的小豬，她對自己有積極正向的感覺，而且充滿自信。她犯了一個錯，但她重新振作起來，再次嘗試。

◇ **Caseley, J. (2001).** *Bully.* **New York: HarperCollins/Greenwillow.**

當米奇（Mickey）最好的朋友傑克（Jack）變成惡霸時，米奇的爸媽針對

如何處理這種情況提供了建議。米奇後來知道傑克是因為他的新妹妹出生，覺得自己被取代了，因而感到憤怒和受傷。

◇ **Choi, Y. (2008).** *The name jar*. **New York: Dragonfly Books.**
恩惠（Unhei）剛剛從韓國搬來，是學校新來的轉學生。她有點擔心要怎麼告訴同學那個難以發音的名字，她決定下個星期當她從玻璃罐中挑出自己的名字時，要告訴他們。

◇ **DeMont, B. (2017).** *I love my purse*. **Toronto: Annick Press.**
查理（Charlie）很喜歡祖母送給他的鮮紅色錢包，但其他人卻對它有意見，就連路口的交通指揮員也問他這個「奇怪的」選擇。

◇ **Dr. Seuss. (1996).** *My many colored days*. **New York: Random House.**
本書運用多種充滿活力的色彩和動物園的動物，展現許多種情緒，並且激發和孩子們的情緒討論。

◇ **Engle, M. (2015).** *Drum dream girl: How one girl's courage changed music*. **Boston: Houghton Mifflin Harcourt.**
繁體中文版：《敲打夢想的女孩：一個女孩的勇氣改變了音樂》。作者：馬格麗塔·因格；譯者：馬筱鳳；繪者：拉菲爾·羅佩茲。出版：小典藏。
很久以前，在一個小島上，有一項女孩不能當鼓手的規定，直到追求打鼓夢想的女孩決定要演奏邦哥鼓，而且私底下祕密練習。這個故事取材自一位華裔—非洲—古巴裔女孩米洛·卡斯楚·札達瑞加（Millo Castro Zaldarriaga）真實的童年故事。（非虛構類）

◇ **Henkes, K. (1991).** *Chrysanthemum*. **New York: HarperCollins/Green-willow.**
繁體中文版：《我的名字 Chrysanthemum》。文／圖：凱文·漢克斯；譯者：楊茂秀。出版：上誼文化。
小老鼠 Chrysanthemum 開始上幼兒園，卻因為她的名字而被同學嘲笑。她

失去自信，然後又重拾自信。

◇ **Leaf, M. (1936).** *The story of Ferdinand.* **New York: Viking Press.**

繁體中文版：《愛花的牛》。作者：曼羅‧里夫文；譯者：林真美。出版：遠流。

費迪南（Ferdinand）和其他的公牛不一樣，他喜歡靜靜坐著聞花香，而其他的牛卻在噴鼻息、到處跳、用頭撞來撞去。

◇ **Lovell, P. (2001).** *Stand tall, Molly Lou Melon.* **New York: Putnam.**

繁體中文版：《別人笑我，怎麼辦？》。作者：派蒂‧拉弗；譯者：謝靜雯。出版：小宇宙文化。

莫莉（Molly）個子小小，笨手笨腳，大暴牙，嗓音像被蛇纏住的牛蛙。這些茉莉都不介意，她的祖母告訴她要抬頭挺胸驕傲地走路，她接受了祖母的建議。

◇ **Parr, T. (2001).** *It's okay to be different.* **New York: Little, Brown.**

透過明亮、童真的插圖和文字，帕爾（Parr）對讀者說：和別人不一樣，沒關係。這是讓孩子們接受彼此的重要第一步。

◇ **Saltzberg, B. (2010).** *Beautiful oops!* **New York: Workman Publishing.**

笨手笨腳的孩子會特別喜歡這本富有想像力的書，它展現了如何將糟糕的錯誤轉變成美妙的東西。

◇ **Uegaki, C. (2005).** *Suki's kimono.* **Boston: Kids Can Press.**

心愛（Suki）最喜歡的東西是藍色棉質和服，祖母送給她的禮物。她決定在開學第一天穿著它去上學。心愛聽著自己內在的鼓聲前進。

◇ **Viorst, J. (1987).** *The tenth good thing about Barney.* **New York: Atheneum.**

繁體中文版：《想念巴尼》。作者：茱蒂‧威爾斯特；譯者：劉清彥。出版：台灣東方。

一個男孩的貓死了。他的母親提議他們舉行葬禮，也請他想想有關巴尼（Barney）的十件好事，好在葬禮上分享。這是一個面對寵物死亡的經典故事。

◇ **Wood, A. (1982).** *Quick as a cricket.* **Auburn, ME: Child's Play.**
繁體中文版：《我和蟋蟀一樣快》。作者：奧黛莉・伍德；譯者：宋珮。出版：三之三。

這個最受喜愛的故事藉由和許多動物相比較，突顯一個孩子會有多少不同的特質，而這些特質匯集起來就代表了整個孩子。

章節書

◇ **Abdel-Fattah, R. (2014).** *Does my head look big in this?* **New York: Scholastic.**
高一學生艾瑪（Amal）決定開始戴頭巾，她經歷了種族主義的嘲諷、和男孩之間產生的衝突，以及學業上的擔憂。時而有趣，時而辛酸，這本書提供了許多討論自我認同的機會。

◇ **Crutcher, C. (1995).** *Ironman.* **New York: HarperCollins.**
十七歲的波（Bo）參加了學校的一個憤怒管理團體以後，開始審視自己和欺凌他的父親之間的關係。

◇ **George, J. C. (1959).** *My side of the mountain.* **New York: Dutton.**
繁體中文版：《山居歲月》。作者：珍・克雷賀德・喬治；譯者：傅蓓蒂。出版：台灣東方。

這部經典小說描述的是一個男孩嘗試在紐約州森林山野地區生活，過程中學會了勇氣、獨立，以及需要有人的陪伴。紐伯瑞銀牌獎得獎書。

◇ **Hinton, S. E. (1967).** *The outsiders.* **New York: Viking Press.**
繁體中文版：《邊緣小子／小教父》。作者：蘇珊・艾洛絲・辛登；譯者：麥倩宜。出版：小魯文化。

這部經典小說描述的是一個生活在社會邊緣的男孩，只能依靠他的兄弟和幫派朋友。

◇ **Lin, G. (2006).** *The Year of the Dog.* **New York: Little, Brown.**

今年是中國的狗年——佩西（Pacy）應該在這一年「找到自己」——但是當你試著融入學校生活又要取悅你的移民父母時，這實在很難做到。友誼、家庭和尋找一個人生命的熱情，這些普世主題使得這部小說極具吸引力。

◇ **Lindgren, A. (1945).** *Pippi Longstocking.* **New York: Penguin.**

繁體中文版：《長襪皮皮》。作者：阿思緹・林格倫；譯者：姬健梅。出版：小麥田。

皮皮（Pippi）不依循傳統，卻充滿自信。成人有時候會覺得她很令人惱火。她喜歡講述自己航遊世界各地的回憶的誇張故事。

◇ **Mead, A. (1998).** *Junebug and the reverend.* **New York: Farrar.**

本書是米德（Mead）著作 *Junebug* 的續集，主角六月蟲（Junebug）的生活正要好轉，因為他的家人搬離了工地區，有了新的開始。他的妹妹塔莎（Tasha）很容易交到朋友，但六月蟲卻成了被霸凌的對象。這本書生動地描述一個心理韌性很強的孩子如何應付困境。

◇ **O'Dell, S. (1960).** *Island of the blue dolphins.* **Boston: Houghton Mifflin.**

繁體中文版：《藍色海豚島》。作者：司卡特・歐德爾；譯者：傅定邦。出版：台灣東方。

這個故事講述的是十二歲女孩獨自被困在孤島上生活多年的故事，大致是依據十九世紀一位美國尼科萊諾族（Nicoleño）原住民女孩的真實故事改編而成。這是一個關於力量和獨自面對生活的能力的故事。紐伯瑞金牌獎得獎書。

◇ **Park, B. (1995).** *Mick Harte was here.* **New York: Random House.**

菲比（Phoebe）訴說她的弟弟米克（Mick）在腳踏車事故中喪生的故事，以及她面對他的死亡和自己的悲傷的痛苦掙扎。

◇ **Paulsen, G. (1987).** *Hatchet.* **New York: Atheneum.**

繁體中文版：《手斧男孩》。作者：蓋瑞·伯森；譯者：蔡美玲、達娃。出版：野人。

這部終極生存經典，描述的是十三歲的布萊恩（Brian）怎麼會獨自被遺留在荒野中五十四天，以及他如何犯下錯誤最終卻得到勝利。紐伯瑞銀牌獎得獎書。

◇ **Spinelli, J. (2000).** *Stargirl.* **New York: Scholastic.**

繁體中文版：《星星女孩》。作者：傑瑞·史賓納利；譯者：梁永安。出版：聯經。

星星女孩個性獨特，穿著奇裝異服來到學校。學校裡最受歡迎的女孩宣稱星星女孩是虛偽的騙子，但里歐（Leo）認為星星女孩善良且勇敢，兩人開始建立友誼，但隨後里歐試圖說服星星女孩表現得更「正常」一點。

◇ **Wiesel, E. (1972).** *Night.* **New York: Hill and Wang.**

這是一部第一人稱敘事的經典作品，講述的是威塞爾（Wiesel）在納粹大屠殺中倖存下來的悲慘經歷，以及他為自己尋找意義和寬恕的過程，同時也質疑上帝怎麼會讓這麼恐怖的事情發生。（非虛構類）

情緒調節的教學資源（第三章）

圖畫書

◇ **Bang, M. (1999).** *When Sophie gets angry—Really, really angry.* **New York: Scholastic.**

繁體中文版：《菲菲生氣了：非常、非常的生氣》。作者：莫莉·卞；譯

者：李坤珊。出版：三之三。

每個人偶爾都會生氣，而且生氣可能會讓人非常苦惱。蘇菲（Sophie）生氣時會做什麼，你會做什麼？凱迪克銀牌獎得獎書。

◇ **Bottner, B. (1992).** *Bootsie Barker bites*. **New York: Putnam.**

簡體中文版：《咬人大王布奇奇》。作者：芭芭拉‧波特納。出版：二十一世紀出版社。

當故事敘述者的媽媽在接待來訪的布奇奇（Bootsie）媽媽時，她必須忍受布奇奇令人討厭的遊戲，布奇奇龍常常咬她。面對布奇奇要來家裡過夜的危機，敘述者發明了一個新遊戲來扭轉局面。

◇ **Brimner, L. D. (1998).** *Elliot Fry's good-bye*. **Honesdale, PA: Boyds Mills Press.**

當艾略特（Elliot）的媽媽責罵他把泥巴一路踩進屋裡時，沮喪的艾略特決定收拾行李離開家。

◇ **Carlson, N. (1994).** *How to lose all your friends*. **New York: Viking.**

卡爾森（Carlson）幽默地調侃那些霸凌者和其他很難吸引和留住朋友的人。這本詼諧戲謔的書，邀請人們討論真正的朋友展現出來的特徵。

◇ **Dewdney, A. (2007).** *Llama Llama mad at mama*. **New York: Scholastic.**

小拉瑪拉瑪（Llama Llama）在商店購物時，覺得很無聊、失去耐心、發了脾氣，但拉瑪媽媽保持冷靜，並且讓他參與購買物品的任務。他學到了和媽媽在一起才是最重要的。拉瑪拉瑪的不良行為會引發討論。

◇ **Henkes, K. (1996).** *Lilly's purple plastic purse*. **New York: HarperCollins.**

繁體中文版：《莉莉的紫色小皮包》。作者：凱文‧漢克斯；譯者：李坤珊。出版：和英。

莉莉（Lilly）帶著她的小皮包來到學校，等不及分享時間再拿出來，但她

的老師沒收了她的東西，造成莉莉生氣、報復、悔恨，然後她努力彌補。

◇ **Henkes, K. (2000).** *Wemberly worried.* **New York: HarperCollins.**

繁體中文版：《我好擔心》。作者：凱文‧漢克斯；譯者：方素珍。出版：三之三。

小莉（Wemberly）是個凡事都擔心的小孩──大的事、小的事，和介於中間的事，她都擔心。快要開學了，現在她更擔心了。

◇ **Krull, K., & Brewer, P. (2010).** *Lincoln tells a joke: How laughter saved the president (and the country).* **Boston: Houghton Mifflin Harcourt.**

這個故事正面的描繪出林肯總統的形象，讓這位深受喜愛的總統變得人性化，並顯示他對笑聲的熱愛如何讓他即使在艱困的時候也能堅持下去。（非虛構類）

◇ **Manning, J. (2012).** *Millie fierce.* **New York: Penguin.**

米莉（Millie）安靜又可愛，但常常被忽視，所以她決定要變得兇猛粗暴一點，讓人注意到她。她很快發現兇猛粗暴也行不通，所以她加了一些善良友好在其中。

◇ **Naylor, P. R. (1994).** *The king of the playground.* **New York: Aladdin.**

薩米（Sammy）每天都威脅凱文（Kevin），宣稱自己是「遊樂場國王」。凱文和他的父親討論薩米的行為，凱文有了解決衝突的信心。

◇ **O'Neill, A. (2002).** *The recess queen.* **New York: Scholastic.**

這個歡快、押韻的故事，講述的是善良和友誼的力量，校園裡的惡霸受到了新同學的開導和啟發。

◇ **Polacco, P. (2001).** *Mr. Lincoln's way.* **New York: Philomel.**

林肯（Lincoln）校長試圖幫助尤金（Eugene，又被全校師生稱為「卑鄙綠色戰鬥基因」）改變他的行為，給了他一本關於鳥類的書，並讓他在學校

建造一座鳥園，但是「基因」卻繼續發表種族歧視的言論。

◇ **Sendak, M. (1963).** *Where the Wild Things are.* **New York: Harper.**

繁體中文版：《野獸國》。作者：莫里斯桑達克；譯者：漢聲雜誌。出版：英文漢聲。

阿奇（Max）在他家裡造成了大混亂，媽媽命令他上床睡覺，不准吃晚飯。在這本經典圖畫書裡，他的臥室經歷了神祕的變化，而且他變成了野獸國的國王。凱迪克金牌獎得獎書。

◇ **Shannon, D. (1998).** *No, David!* **New York: Blue Sky Press.**

繁體中文版：《小毛，不可以！》。作者：大衛・夏儂；譯者：歐陽菊映、黃鈺惠。出版：維京。

簡體中文版：《大衛，不可以！》。作者：香農；譯者：余治瑩。出版：河北教育出版社。

大衛・夏儂（David Shannon）五歲時，寫了這個半自傳體的故事，講述一個小男孩違反了媽媽的所有規則，他聽到的全是媽媽的聲音說：「小毛，不可以！」凱迪克銀牌獎得獎書。

◇ **Vail, R., & Heo, Y. (2002).** *Sometimes I'm Bombaloo.* **New York: Scholastic.**

有時候凱蒂（Katie）會發脾氣，用腳和拳頭代替言語。她抓狂，她不是她自己，她稱自己是「爆炸球」（Bombaloo）。短暫的休息和一些理解可以幫助凱蒂再次覺得自己像凱蒂。

◇ **Viorst, J. (1972).** *Alexander and the terrible, horrible, no good, very bad day.* **New York: Atheneum.**

簡體中文版：《亞歷山大和倒霉、煩人、一點都不好、糟糕透頂的一天》。作者：維奧斯特。出版：新星出版社。

從亞歷山大（Alexander）醒來的那一刻起，他的一天就開始不對勁了。他說他想搬到澳大利亞去，他確定在那裡一切都會變好的。

◇ **Willems, M. (2012).** *My friend is sad.* **New York: Walker & Company.**

繁體中文版:《你不笑,逗你笑!》。作者:莫威樂;譯者:王欣榆。出版:格林文化。

簡體中文版:《我的朋友不開心》。作者:莫・威廉斯;譯者:戴永翔。出版:新星出版社。

大吉象(Gerald)心情低落,他的朋友小豬寶(Piggie)決心要讓他高興起來,小豬寶裝扮成牛仔、小丑,甚至機器人,但怎樣才能讓難過的大吉象開心呢?

◇ **Wood, A. (1996).** *Elbert's bad word.* **Boston: Houghton Mifflin Harcourt.**

簡體中文版:《噓,埃爾伯特》。作者:奧黛莉・伍德。出版:浙江少年兒童出版社。

埃爾伯特(Elbert)無意中聽到一個難聽的語詞,決定在不高興的時候就使用它,但他學到了還有其他更好的語詞選擇可以發洩情緒。

章節書

◇ **Aurelius, M. (2017).** *Mediations.* **New York: CreateSpace.**

這本《沉思錄》是羅馬皇帝馬可斯・奧理略(Marcus Aurelius)寫於西元180年的日記,他在規劃一系列的軍事行動之時,記錄了他的哲思之旅和自我改進的追尋。(非虛構類)

◇ **Birney, B. G. (2005).** *The seven wonders of Sassafras Springs.* **New York: Atheneum.**

檫樹泉(Sassafras Springs)這裡的生活一向是平凡、一成不變的,甚至有些無聊,但有一天,埃本・麥卡利斯特(Eben McAllister)的爸爸向他提出挑戰,要求他在檫樹泉找到可以和真正的世界七大奇蹟相媲美的七大奇蹟。

◇ **Bruel, N. (2012).** *Bad Kitty: School daze.* **New York: Square Fish.**

壞小貓（Kitty）不乖，被送到服從訓練學校，在那裡她必須學會喜歡別人、注意聽和遵守規則。

◇ **DiCamillo, K. (2000).** *Because of Winn-Dixie.* **Sommerville, MA: Candlewick Press.**

繁體中文版：《傻狗溫迪客》。作者：凱特·狄卡密歐；譯者：傅蓓蒂。出版：台灣東方。

友誼的重要性和力量在這部紐伯瑞銀牌獎得獎小說中處處可見。十歲的歐寶（Opal Buloni）搬到一個新城鎮，和她的牧師爸爸住在一起。她喜歡故事，請父親告訴她關於媽媽的十件事——她的媽媽在她三歲時便離家出走了。

◇ **Hall, M. K., & Jones, K. (Eds.) (2011).** *Dear bully: Seventy authors tell their stories.* **New York: HarperCollins.**

深受青少年和年幼孩子喜愛的作家，以旁觀者、受害者或霸凌者的身分，分享他們有關霸凌的故事。這本書裡有來自校園各個角落七十個感人肺腑、深具同理心的故事。這本書是青少年、教育工作者和家長的參考資源，裡面也包括深入閱讀的書目建議。（非虛構類）

◇ **Hillenbrand, L. (2014).** *Unbroken: A World War II story of survival, resilience, and redemption.* **New York: Random House.**

出生於美國紐約州的路易·詹帕瑞尼（Louis Zamperini），1936 年參加柏林奧運，在希特勒面前進行長跑比賽；後來入伍從軍，飛機受創失事墜海，靠一艘救生艇在太平洋漂流度過了四十七天，倖存下來。但這只是他非凡故事的開端而已。（非虛構類）

◇ **McDonald, M. (2000).** *Judy Moody was in a mood.* **New York: Scholastic.**

朱蒂·穆迪（Judy Moody）對三年級沒有抱太大希望。任何曾經心情不好

的孩子都能夠認同這個活潑、有趣、不斷變化的角色。

◇ **O'Connor, B. (2009).** *The small adventure of Popeye and Elvis.* **New York: Farrar/Francis Foster Books.**

南卡羅萊納州的費耶特（Fayette）從來不曾發生過什麼事——或者，至少大力水手（Popeye）是這麼想的，他的日子一直很無聊、無聊、無聊，但有一天，一臺假日漫步者（Holiday Rambler）出租露營車拐錯彎並陷入泥沼，將艾維斯（Elvis）和他那五個吵鬧的兄弟姊妹困在鎮上時，情況開始好轉。

◇ **Palacio, R. J. (2012).** *Wonder.* **New York: Knopf.**

繁體中文版：《奇蹟男孩》。作者：R. J. 帕拉秋；譯者：吳宜潔。出版：親子天下。

奧吉（August Pullman）一直在家接受教育，但他的父母認為他應該去體驗更大的世界和去上學了。奧吉天生顏面就有嚴重的傷殘，他必須適應他的新學校、結交朋友和增長個人力量。他是一位英雄，他的例子說明了當你生來與眾不同，就很難混在人群裡不被注意。

◇ **Park, B. (2001).** *Junie B. Jones first grader (at last!).* **New York: Random House.**

朱妮（Junie）開始上一年級了，有新的教室、新的同學和新的老師，她很快就知道自己可能需要戴眼鏡了。

◇ **Paterson, K. (1978).** *Bridge to Terabithia.* **New York: Harper Row.**

繁體中文版：《通往泰瑞比西亞的橋》。作者：凱薩琳・帕特森；譯者：漢聲雜誌。出版：英文漢聲。

五年級學生傑西・阿倫斯（Jesse Aarons）與萊絲麗（Leslie）成了朋友，萊絲麗是來自比較富裕的家庭，是個聰明、有才華、性格外向的野丫頭。他們一起創造了一個名為泰瑞比西亞的國度。紐伯瑞金牌獎得獎書。

◇ **Telgemeier, R. (2010).** *Smile*. **New York: Scholastic/Graphix.**

繁體中文版：《牙套微笑日記》。作者：蕾娜‧塔吉邁爾；譯者：韓書妍。
出版：小麥田。

蕾娜（Raina）絆了一跤，撞斷了兩顆門牙。六年級已經夠難熬的了，竟然還要再忍受牙齒療程。這本圖像小說取材自作者的生命故事，鼓勵孩子們相信自己能夠度過困難時期。

認知調節的教學資源（第四章）

圖畫書

◇ **Bunting, E. (1993).** *Fly away home*. **Boston: Houghton Mifflin Harcourt.**

一個無家可歸的男孩和父親住在機場，他們從一個航廈搬到另一個航廈，避免被人注意到。男孩看到一隻被困在航廈的鳥兒不斷找尋自由的出口，深深受到激勵。

◇ **Cronin, D. (2000).** *Click, clack, moo: Cows that type*. **New York: Simon & Schuster.**

繁體中文版：《喀哩，喀啦，哞，會打字的牛》。作者：克羅寧；譯者：董霈。出版：格林文化。

布朗（Brown）農夫養的乳牛有一台打字機，牠們打了一張又一張字條要求農夫做出改變，否則牠們就要罷工。

◇ **DiSalvo, D. (2002).** *Spaghetti Park*. **New York: Holiday House.**

在這個關於社區精神的故事中，安傑洛（Angelo）組織了一群人，一起修復破舊骯髒、「麻煩製造者」聚集的社區公園。作者迪薩爾沃（DiSalvo）以公園的硬地滾球場的活動為中心，顯示那些頑強的壞孩子們在旁觀當地居民努力工作振興公園的過程中，越來越感興趣。書中有一頁硬地滾球規則的說明。

◇ **DiSalvo-Ryan, D. (1994).** *City green.* **New York: HarperCollins.**

當市政府譴責並拆除瑪希（Marcy）社區裡的一棟建築物時，她決定要採取行動。很快的，每個人都貢獻出時間和精力。書中包含了建造社區花園的操作說明。

◇ **Fleming, C. (2003).** *Boxes for Katje.* **New York: Farrar/Melanie Kroupa.**

繁體中文版：《凱琪的包裹》。作者：坎達絲·弗萊明；譯者：劉清彥。出版：台灣東方。

第二次世界大戰結束後，美國女孩羅西（Rosie）寄了一份善意的包裹給荷蘭女孩凱琪（Katje），凱琪也因此受到感動，和她所在的荷蘭小鎮的其他人分享收到的禮物。這個故事是根據作者母親童年的真實經驗寫成的。

◇ **Galdone, P. (1973).** *The little red hen.* **Boston: Houghton Mifflin Harcourt.**

小紅母雞播下一些種子，但誰來幫她採收農作物呢？這個流行的民間故事有多種版本，而且這個故事總是能引發有關合作主題的討論。

◇ **Judge, L. (2007).** *One thousand tracings: Healing the wounds of World War II.* **New York: Hyperion.**

賈吉（Judge）的這本書是以她的家族歷史為基礎，講述她的祖父母如何從位於美國中西部的農場組織了一項救援行動，寄送食物包裹去給歐洲三千多名絕望的民眾。

◇ **Krull, K. (1996).** *Wilma unlimited.* **San Diego, CA: Harcourt Brace.**

這是一本關於奧運選手威瑪·魯道夫（Wilma Rudolph）的精彩傳記，她克服了貧困、種族歧視和小兒麻痺症等艱巨的逆境，成為美國英雄。（非虛構類）

◇ **Lobel, A. (1972).** *Frog and Toad together.* **New York: Harper & Row.**

繁體中文版：《青蛙和蟾蜍好伙伴》。作者：艾諾·洛貝爾；譯者：黨英

台。出版：上誼文化。

本書中有一個「工作表」的故事，蟾蜍一天早上醒來，決定列出他今天必須做的事情。

◇ **McPhail, D. (2002).** *The teddy bear.* **New York: Holt.**

當一個小男孩在公園裡找到他弄丟的泰迪熊，並且發現一個無家可歸的人已經收留了它，他展現他的同情心，將他心愛的泰迪熊分享給這個男人。

◇ **Muth, J. J. (2003).** *Stone soup.* **New York: Scholastic.**

繁體中文版：《石頭湯》。作者：強・穆特；譯者：馬景賢。出版社：小魯文化。

身上沒有什麼食物的三個陌生人合作組成一個團隊，其中一個陌生人建議用石頭來煮湯。結果是一場石頭湯盛宴，展現出合作的力量。這個經典故事有很多種版本。

◇ **Newman, P. (2018).** *Neema's reason to smile.* **New York: Lightswitch Learning.**

尼瑪（Neema）想去上學，她的家人無力負擔，但她決心要實現自己的夢想。這是一個重要的故事，主題是平等接受教育的機會、全球教育和達成目標。

◇ **Polacco, P. (1998).** *Thank you, Mr. Falker.* **New York: Philomel.**

繁體中文版：《謝謝您，福柯老師！》。作者：派翠西亞・波拉蔻；譯者：丁凡。出版：和英。

小派翠西亞（Trisha）忍受著同學們叫她「笨蛋」的殘酷嘲諷，學業成績也大幅落後，但新來的五年級老師福柯老師幫助她發展自己的天賦才能。那些有學習困難的學生會從小派翠西亞的成功中得到安慰，同學們也會同情她的痛苦掙扎。

◇ **Woodson, J. (2012). *Each kindness*. New York: Penguin.**

繁體中文版:《每一件善良的事情》。作者:賈桂琳‧伍德生;譯者:柯倩華。出版:維京。

蔻伊(Chloe)和她的朋友們不想和新來的女孩瑪雅(Maya)一起玩,但她的老師示範小小的善舉可以如何改變世界,蔻伊思考著她先前應該如何對待瑪雅才對。珍‧亞當斯和平獎(Jane Addams Peace Award)得獎童書。

◇ **Wyeth, S. D. (1998). *Something beautiful*. New York: Doubleday.**

一個小女孩在她住的市中心社區尋找「一件美麗的東西」,設法在許多地方找到美。然後,她找到了一種可以幫助周遭世界變得更美麗的方法。

章節書

◇ **Buyea, R. (2017). *The perfect score*. New York: Delacorte.**

六年級學生在進行社區服務計畫的同時,也在想辦法準備和通過年度評量測驗。他們學習如何克服個人的缺陷,形成一個更好的團體。本書展現了手足虐待、貧窮、學習障礙和運動競賽等主題。

◇ **Clements, A. (1996). *Frindle*. New York: Scholastic.**

繁體中文版:《我們叫它粉靈豆:Frindle》。作者:安德魯‧克萊門斯;譯者:王心瑩。出版:遠流。

尼克‧艾倫(Nick Allen)學到文字是如何創造出來的,並且決定讓他的朋友使用他創造的「粉靈豆」這個詞來取代「筆」。很快,鎮上的人們就開始使用「粉靈豆」這個詞,然後全國都在使用這個詞,尼克成為當地的英雄。

◇ **Covey, S. (2014). *The 7 habits of highly effective teens*. New York: Touchstone.**

繁體中文版:《7個習慣決定未來:柯維給年輕人的成長藍圖》。作者:西恩‧柯維;譯者:汪芸。出版:天下文化。

為青少年重新詮釋柯維想法的成功指南。（非虛構類）

◇ **Curtis, C. P. (1999).** *Bud, not Buddy.* **New York: Delacorte Books.**

繁體中文版：《我叫巴德，不叫巴弟》。作者：克里斯多福‧保羅‧克提斯；譯者：甄晏。出版：維京。

在母親去世的四年後，十歲的巴德‧卡德威（Bud Caldwell）剛剛被安置到他的第三個寄養家庭。他決心要找到他的父親。紐伯瑞金牌獎得獎書。

◇ **Ellis, D. (2017).** *Sit.* **Toronto: Groundwood Books.**

來自不同國家的故事合集，每個故事都以一個孩子為主角，他們做出決定並採取行動。每個主角共有的目標是生存，這本小說將會引發關於選擇和社會不公不義的討論。

◇ **Ignatow, A. (2010).** *The popularity papers: Research for the social improvement and general betterment of Lydia Goldblatt and Julie Graham-Chang.* **New York: Amulet.**

莉迪亞（Lydia）和朱莉（Julie）是五年級的朋友，她們決心要揭開受歡迎的祕密，記錄、討論和複製「酷」女孩的行為。這一系列總共七本，這是第一本。

◇ **Lansing, A. (2005).** *Endurance: Shackleton's incredible voyage.* **New York: Basic Books.**

繁體中文版：《冰海歷劫 700 天——「堅忍號」南極求生紀實》。作者：歐弗雷德‧藍星；譯者：應小端。出版：天下文化。

「堅忍必勝」（Fortitudine vincimus）是歐內斯特‧謝克頓（Ernest Shackleton）家族的座右銘和生活方式。這本書記錄了他 1914 年企圖穿越南極大陸的失敗經驗，以及拯救所有遇難船員的非凡成就。（非虛構類）

◇ **Lowry, L. (1993).** *The giver.* **Boston: Houghton Mifflin Harcourt.**

繁體中文版:《記憶傳承人》。作者:露薏絲‧勞瑞;譯者:鄭榮珍。出版:台灣東方。

這個令人難忘的故事以十二歲的喬納思(Jonas)為中心,他生活在一個服從和知足的世界。這本書提出了為什麼我們的感受和人際關係很重要的問題。紐伯瑞金牌獎得獎書。

◇ **Paulsen, G. (2011).** *Flat broke: The theory, practice and destructive properties of greed.* **New York: Random/Lamb.**

凱文(Kevin)的零用錢被停發,而他急需用錢。他把自己視為締造者(kingmaker),決定為他人創造計畫並從中抽取利潤。他在自由企業制度中追求金錢、名譽和財富。

◇ **Pink, D. (2011).** *Drive: The surprising truth about what motivates us.* **New York: Riverhead.**

繁體中文版:《動機,單純的力量》。作者:丹尼爾‧品克;譯者:席玉蘋。出版:大塊文化。

關於如何激勵自己和他人動機的最好方式,作者分享了最新的心理學研究。(非虛構類)

◇ **Rocklin, J. (2012).** *One day and one amazing morning on Orange Street.* **New York: Abrams.**

繁體中文版:《柳橙街的夏天》。作者:瓊安‧羅克琳;譯者:陸篠華。出版:博識圖書。

當一名神秘男子來到柳橙街時,整個街區的孩子試圖找出他是誰以及他為什麼來這裡。柳橙樹的故事將他們每個人和他們個人的擔憂連結在一起,從如何讓朋友留下深刻印象,到面對漸漸擴大的家庭,再到了解弟弟的疾病都有。

◇ **Ryan, P. M. (1998).** *Riding freedom.* **New York: Scholastic.**

這是根據夏洛特（查理）‧帕克赫斯特〔Charlotte（Charley）Parkhurst〕的人生改編而成的虛構故事，她從孤兒院逃出來，假扮成男孩（化名查理），搬到加州，駕駛驛站馬車。這是一個關於恆毅力和決心的故事。

◇ **Vawter, V. (2013).** *Paperboy.* **New York: Dell.**

繁體中文版：《送報生的夏天》。作者：凡斯‧瓦特；譯者：劉清彥；出版：小天下。

「小男人」是個了不起的球員，但說話總是結結巴巴。整個七月他必須幫他最好的朋友代班送報，但是小男人並不想和訂報紙的人交談。

社交技巧的教學資源（第五章）

圖畫書

◇ **Berger, S. (2018).** *What if . . .* **New York: Little, Brown.**

創造力，想像的力量，以及自我表達的重要性，都體現在這本圖畫書裡。本書的作者和繪者是現實生活中最好的朋友。

◇ **Brimner, L. D. (2002).** *The sidewalk patrol.* **New York: Children's Press.**

艾比（Abby）和她的朋友們自稱「街角孩子」，她們在社區裡協助搬動腳踏車，好讓盲人鄰居可以安全地在人行道上走路。

◇ **Chinn, K. (1995).** *Sam and the lucky money.* **New York: Lee & Low.**

山姆（Sam）在農曆新年得到了四美元，但他很沮喪，因為這些錢買不到他想要的東西，直到他看到一個無家可歸的男子，並決定運用這筆錢的最好方式。

◇ **de la Peña, M. (2015).** *Last stop on Market Street.* **New York: Penguin.**

繁體中文版：《市場街最後一站》。作者：馬特‧德拉佩尼亞；譯者：宋

珮。出版：小天下。

每個星期天下午，奶奶和小杰（C. J.）搭巴士去救濟貧民的施食處，奶奶都會幫助小杰看到周圍的美景。奶奶說：「小杰，有時候，當你被髒亂圍繞，反而更能體會什麼是美好。」紐伯瑞金牌獎和凱迪克銀牌獎得獎書。

◇ **Golenbock, P. (1990).** *Teammates.* **Boston: Houghton Mifflin Harcourt.**

傑基・羅賓森（Jackie Robinson）是美國職棒大聯盟第一位黑人球員，本書描述了在辛辛那提球場決定命運的那一天，皮・維・瑞斯（Pee Wee Reese）是如何挺身而出，宣布傑基是他的隊友。（非虛構類）

◇ **Ludwig, T. (2013).** *The invisible boy.* **New York: Penguin.**

繁體中文版：《隱形男孩》。作者：裘蒂・路德維希；譯者：李貞慧。出版：小熊。

布萊恩（Brian）是一個安靜的男孩，直到賈斯汀（Justin）來到他們班之前，他的同學都沒有注意到他。這個故事激發孩子們思考布萊恩可能會有什麼感受，也許，當他們看到有人在團體裡被排擠時，他們會像賈斯汀一樣行動。

◇ **Munson, D. (2010).** *Enemy pie.* **San Francisco: Chronicle.**

繁體中文版：《敵人派》。作者：德瑞克・莫森；譯者：劉清彥。出版：道聲。

這個夏天很完美，直到小傑（Jeremy）搬來附近，成為頭號敵人，一切就變了。爸爸有一個除掉敵人的方法：給他吃敵人派。但祕密配方竟然包括和敵人玩一整天。

◇ **Palacio, R. J. (2017).** *We're all wonders.* **New York: Penguin.**

繁體中文版：《我們都是奇蹟男孩》。作者：R. J. 帕拉秋；譯者：馮季眉。出版：字畝文化。

奧吉（Auggie）看起來與其他孩子不一樣，但他希望人們能夠忽略他的外表並且欣賞他。這是一個很有力量的故事，接受他人的本來面目，而不是只看他們的外表。

◇ **Saltzberg, B. (2003).** *Crazy hair day.* **Somerville, MA: Candlewick.**

在學校拍照日，史坦利・伯德鮑姆（Stanley Birdbaum）以為今天是瘋狂髮型日，頂著瘋狂髮型來到學校。在他的朋友賴瑞（Larry）嘲笑史坦利的荒謬髮型後，史坦利躲進了廁所。老師要求賴瑞「做一個和平使者，而不是麻煩製造者」，賴瑞最終把史坦利哄回到班上，史坦利發現每個人都很有同理心的弄出同樣的髮型，大家一起拍團體照。

◇ **Thomas, S. M. (1998).** *Somewhere today: A book of peace.* **Park Ridge, IL: Albert Whitman.**

本書展現了人們做各種事情來互相幫助和關心彼此，以促進和平的例子，例如：教年幼的孩子騎自行車，以及選擇友誼而不是打架。（非虛構類）

◇ **Tolstoy, A. (2003).** *The enormous turnip.* **Boston: Houghton Mifflin Harcourt.**

一個男人種了一棵蘿蔔，並且鼓勵它長大，但它變得太大了，他自己沒辦法拔出蘿蔔，所以找別人幫忙。這個經典的俄羅斯民間故事展現了共同努力的價值和合作的力量。這個故事有各種不同的版本。

章節書

◇ **Alexander, K. (2014).** *The crossover.* **Boston: Houghton Mifflin Harcourt.**

這個故事談的是如何接受哥哥的新女友、兄弟之間的競爭、打籃球的壓力以及父子關係。這本書以詩的形式寫作，榮獲紐伯瑞金牌獎。

◇ **Clements, A. (2001).** *Jake Drake: Bully buster.* **New York: Atheneum.**

繁體中文版：《我是傑克，霸凌終結者》。作者：安德魯・克萊門斯；譯者：黃筱茵。出版：遠流。

傑克（Jake）提出問題：「所以，這就是我搞不懂的地方。如果在學校工作的每個大人都那麼聰明，為什麼他們不能解決霸凌者？為什麼提到霸凌行為的時候，孩子們大多只能靠自己？」

◇ **Cormier, R. (1974).** *The chocolate war*. **New York: Knopf.**

繁體中文版：《巧克力戰爭》。作者：羅柏‧寇米耶；譯者：周惠玲。出版：遠流。

在這部青少年經典小說裡，傑瑞（Jerry）拒絕在年度義賣募款活動中出售巧克力，之後他遭到同學和老師的霸凌。

◇ **Estes, E. (1944).** *The hundred dresses*. **New York: Harcourt.**

繁體中文版：《一百件洋裝》。作者：艾蓮諾‧艾斯提斯；譯者：謝維玲。出版：維京。

汪妲（Wanda Petronski）因為每天都穿著同一件褪色的洋裝來上學而被嘲笑、捉弄，但她堅稱自己有一百件顏色各異的漂亮洋裝。她的確有——她畫了一百件洋裝。紐伯瑞銀牌獎得獎書。

◇ **Frankl, V. (1959).** *Man's search for meaning*. **Boston: Beacon.**

繁體中文版：《活出意義來》。作者：弗蘭克；譯者：趙可式、沈錦惠。出版：光啟文化。

弗蘭克（Frankl）敘述了二次世界大戰期間他在四個死亡集中營的經驗，以及他的哲學和內在精神生活如何支持他活下去。（非虛構類）

◇ **Hahn, M. D. (1988).** *December stillness*. **New York: HarperCollins.**

凱莉（Kelly）發現自己與以前的朋友處不來，當她在圖書館看到那個無家可歸的人時，她決定採訪他。這是一個關於青少年叛逆以及無家可歸者和越南戰爭的嚴酷現實的故事。

◇ **Johnston, T. (2001).** *Any small goodness: A novel of the barrio.* **New York: Scholastic/Blue Sky.**

在東洛杉磯的貧民區，十一歲的阿圖羅（Arturo）遇到了一些「就是喜歡向人們散播恐懼連游」的幫派份子。西班牙語的表達方式和提及當地許多特色，營造出豐富的場景和人物。

◇ **Lord, B. B. (1984).** *In the Year of the Boar and Jackie Robinson.* **New York: Harper.**

1947 年，十歲的中國女孩雪莉（Shirley）來到布魯克林。她不懂英語，很難交到朋友，但當她和班上最強悍的女孩成為朋友時，其他孩子就讓她加入他們的遊戲。

◇ **Martin, A. M. (2002).** *A corner of the universe.* **New York: Scholastic.**

繁體中文版：《亞當舅舅》。作者：安・馬汀；譯者：李畹琪。出版：台灣東方。

即將十二歲的海蒂・歐文（Hattie Owen）預期 1960 年的夏天會像以往的夏天一樣舒適、平淡。她期待著幫忙媽媽管理他們的寄宿公寓以及那些古怪的成年寄宿者。亞當（Adam）自殺時，她發現他們沒有人像亞當所需要的那樣理解亞當。紐伯瑞銀牌獎得獎書。

◇ **Philbrick, R. (1993).** *Freak the mighty.* **New York: Scholastic/Blue Sky Press.**

繁體中文版：《小天才與傻大個兒》。作者：羅德曼・菲布利克；譯者：麥倩宜。出版：小魯文化。

麥斯（Max）和凱文（Kevin）這兩個老是被找麻煩的男孩，他們結合彼此的優點來克服自己的弱點，對抗世界和霸凌者。麥斯以回想的方式，敘述這兩個非凡的主角，關於友誼和接納的動人故事。

◇ **Rowling, J. K. (Series; years vary).** *Harry Potter.* **New York: Scholastic.**

繁體中文版：《哈利波特》系列。作者：J. K. 羅琳。出版：皇冠。

《哈利波特》系列探討的是心理韌性、同理心和包容，哈利波特這個孤兒和他的朋友們為他們的信念而奮鬥，就算情況對他們非常不利。

◇ **Spinelli, J. (1996).** *Crash.* **New York: Knopf.**

克拉什・庫根（Crash Coogan）是一位非常有自信的橄欖球員，他喜歡折磨佩恩・韋伯（Penn Webb）這個友善、矮個子、和平主義的貴格教徒。克拉什深愛的祖父來到這裡和家人住在一起，但因為中風而變成殘障，這導致克拉什的生活方式和價值觀發生了變化。

◇ **Strasser, T. (2000).** *Give a boy a gun.* **New York: Simon & Schuster.**

這個令人不寒而慄的故事，是透過受害者和肇事者的訪談片段來敘述兩個男孩劫持高中同學作為人質的事件。整本故事的書頁下方有許多關於槍枝濫用的統計數據和校園暴力事件的註釋，最後還附加了相關資源清單。

◇ **Wilson, J. (2001).** *Bad girls.* **New York: Delacorte.**

曼蒂・懷特（Mandy White）實際上已經十歲了，她痛恨自己看起來只有八歲的樣子。正因為如此，她經常被學校那位漂亮的霸凌者金兒（Kim）取笑。在曼蒂和她的新鄰居（一名寄養的女孩）建立友誼之後，她們從彼此身上學到很多。

公共精神的教學資源（第六章）

圖畫書

◇ **Clinton, C. (2018).** *She persisted around the world: 13 women who changed history.* **New York: Penguin.**

這本書寫給每一個心存高遠理想但被告知要低頭下台的人，也寫給每一個大聲疾呼卻被告知要保持沉默的人。（非虛構類）

◇ **Cooney, B. (1982).** *Miss Rumphius.* **New York: Viking.**

繁體中文版：《花婆婆》。作者：芭芭拉・庫尼；譯者：方素珍。出版：三之三。

艾莉絲・盧小姐（Miss Alice Rumphius）的虛構故事，她四處旅行，經歷了許多冒險，並努力要做一件讓世界變得更美麗的事。

◇ **Fine, E. H., & Josephson, J. (2007).** *Armando and the blue tarp school.* **New York: Lee & Low.**

阿曼多（Armando）渴望上學，但他必須幫忙父親在垃圾堆裡撿垃圾，找到家人可以使用、回收或出售的東西。這個故事證明了對夢想的追求和一個人可以改變世界的力量。

◇ **Krull, K. (2003).** *Harvesting hope: The story of Cesar Chavez.* **Boston: Houghton Mifflin Harcourt.**

凱薩・查維斯（Cesar Chavez）為了加州農場季節工人（migrant farmworkers）糟糕的工作條件而進行 340 英里的抗議遊行，這個戲劇性故事是這本文筆精彩的傳記圖畫書的核心。珍・亞當斯和平獎得獎童書。（非虛構類）

◇ **Krull, K. (2009).** *The boy who invented TV: The story of Philo Farnsworth.* **New York: Knopf.**

這本鼓舞人心的傳記圖畫書涵蓋了費羅（Philo）從出生到被各大報稱讚為「年輕天才」的一生，探討想像力和勤勉努力可以達成什麼非凡成就。（非虛構類）

◇ **Krull, K. (2019).** *No truth without Ruth: The life of Ruth Bader Ginsburg.* **New York: HarperCollins.**

簡體中文版：《金斯伯格的故事：從平民女孩到大法官》。作者：凱瑟琳・克魯。出版：法律出版社。

露絲・貝德・金斯伯格（Ruth Bader Ginsburg）是美國最受尊敬的女性之

一，但她的廣受認可得來不易。這本令人充滿力量的傳記圖畫書，敘述的是美國最高法院第二位女性大法官的故事。（非虛構類）

◇ **Pearson, E. (2017).** *Ordinary Mary's extraordinary deed.* **Layton, UT: Gibbs Smith.**

當一個平凡孩子偶然做了一件好事，會發生什麼事？一切始於瑪麗（Mary）簡單的善舉，引發了連鎖反應。

◇ **Rappaport, D. (2012).** *Helen's big world: The life of Helen Keller.* **New York: Disney-Hyperion.**

繁體中文版：《海倫‧凱勒的心視界：海倫精采的一生》。作者：朵琳‧藍帕波特；譯者：朱恩伶。出版：維京。

這本傳記圖畫書以世界上最有影響力的一位名人為中心，她的創新和進步願景永遠改變了美國和世界。（非虛構類）

◇ **Ryan, P. M. (2002).** *When Marian sang.* **New York: Scholastic.**

瑪麗安‧安德森（Marian Anderson）最著名的事蹟是 1939 年她在林肯紀念堂的台階上舉辦了一場歷史性的露天音樂會。本書突顯出安德森在職業生涯中遇到的障礙以及她取得的驚人成就。（非虛構類）

◇ **Steig, W. (1986).** *Brave Irene.* **New York: Farrar, Straus and Giroux.**

繁體中文版：《勇敢的小伶》。作者／繪者：威廉‧史塔克；譯者：宋珮；出版：道聲。

裁縫師媽媽身體不太舒服，所以她的女兒——勇敢的小伶（Irene）自願接下任務，儘管遭遇了強烈的暴風雪，還是在舞會之前，及時將晚禮服送到伯爵夫人的宮殿。

◇ **Yousafzai, M. (2017).** *Malala's magic pencil.* **New York: Little, Brown.**

繁體中文版：《馬拉拉的魔法鉛筆》。作者：馬拉拉‧優薩福扎伊；譯者：

莊靜君。出版：愛米粒。

馬拉拉（Malala）許了一個願望，想要一枝魔法鉛筆，這樣她就可以讓人們快樂，消除垃圾的氣味，或多睡一個小時。但隨著年齡的增長，她發現世界需要用其他的方式來修復。作者馬拉拉榮獲 2014 年諾貝爾和平獎。（非虛構類）

章節書

◇ **Brimner, L. D. (2014).** *Strike! The farm workers' fight for their rights.* **Honesdale, PA: Calkins Creek.**

1965 年，在加州的德拉諾（Delano），數百名菲律賓裔的農場季節工人放下工具，拒絕採摘結滿果實的葡萄藤。他們的行動引發了美國歷史上最重要的農業罷工之一。很快的，凱薩‧查維斯（Cesar Chavez）和他的農場工人也加入了抗爭。（非虛構類）

◇ **Brimner, L. D. (2017).** *Twelve days in May: Freedom Ride, 1961.* **Honesdale, PA: Calkins Creek.**

1961 年 5 月 4 日，由十三名黑人和白人民權運動人士組成的團體，發起了「自由乘車」運動，挑戰公車上和公車站內設施的種族隔離政策。2018 年羅伯特‧賽伯特（Robert F. Sibert）知識類圖書獎得主。（非虛構類）

◇ **Carmon, I., & Knizhnik, S. (2017).** *Notorious RBG: The life and times of Ruth Bader Ginsburg* **(Young Readers Edition). New York: HarperCollins.**

簡體中文版：《異見時刻：「聲名狼藉」的金斯伯格大法官》。作者：伊琳‧卡蒙。出版：湖南文藝出版社。

最高法院大法官金斯伯格為平等和婦女權利努力不懈的奮鬥，不僅促進勞動力的大幅進步，而且影響了國家的法律。（非虛構類）

◇ **Davis, A. (2006).** *The civically engaged reader: A diverse collection of short provocative readings on civic activity.* **Chicago: Great Books Foundation.**

這本書是文學、哲學和批評精選短文集，目的在於激發討論和辯論，其中包含引導對話的問題。

◇ **Fadiman, A. (1997).** *The spirit catches you and you fall down: A Hmong child, her doctors, and the collision of two cultures.* **New York: Farrar, Straus and Giroux.**

繁體中文版：《麗亞的故事：惡靈抓住你，你就跌倒》。作者：安・法第曼。譯者：湯麗明、劉建台。出版：雙月書屋。

這部現代經典作品探討的是判斷失誤的西方醫學，以及一個對醫學治療和疾病有截然不同看法的家庭。（非虛構類）

◇ **Fleischman, P. (1997).** *Seedfolks.* **New York: Harper.**

繁體中文版：《撒種人》。作者：保羅・佛萊希曼。譯者：李毓昭。出版：晨星。

這是由住在俄亥俄州克利夫蘭吉布街（Gibb Street）附近的不同人物敘述的故事，描述他們如何將一塊空地改造成社區菜園，以及這個經驗如何為他們自己帶來個人的轉變。

◇ **French, S. T. (2011).** *Operation Redwood.* **New York: Abrams.**

朱利安（Julian）的叔叔擁有的一家公司正計畫要砍伐一些最古老、僅存的加州紅杉樹，朱利安和他的朋友們決心阻止這件事。

◇ **Hiaasen, C. (2002).** *Hoot.* **New York: Knopf.**

繁體中文版：《拯救貓頭鷹》。作者：卡爾・希亞森；譯者：黃維明。出版：小天下。

羅伊（Roy）加入了阻止修建鬆餅屋的行動，因為這樣會毀掉一群貓頭鷹

的棲地。施工的工頭否認貓頭鷹的存在，但羅伊和他的朋友們調查並揭露了真相。紐伯瑞銀牌獎得獎書。

◇ **Hoose, P. (2010).** *Claudette Colvin: Twice toward justice.* **New York: Square Fish.**

在羅莎‧帕克斯（Rosa Parks）因拒絕在公車上讓座而出名的九個月前，十五歲的克勞黛特（Claudette）也拒絕讓座，但社區人士卻因為她的行為而刻意迴避、遠離她。「當談到正義的時候，沒有簡單的方法可以得到它。你不能粉飾它。你必須表明立場並且說：『這是不對的。』」（非虛構類）

◇ **Yousafzai, M., & McCormick, P. (2014).** *I am Malala: How one girl stood up for education and changed the world* **(Young Readers Edition). New York: Little Brown.**

繁體中文版：《我是馬拉拉〔青少年版〕：一位因爭取教育而改變了世界的女孩》。作者：馬拉拉‧優薩福扎伊、派翠西亞‧麥考密克；譯者：朱浩一。出版：愛米粒。

當塔利班控制馬拉拉居住的地區，並表示婦女不能去市場、女孩不能上學時，她只有十歲。這是一位諾貝爾獎得主鼓舞人心的回憶錄，她為自己的信念挺身而出。（非虛構類）

參考文獻

Adesope, O. O., Trevisan, D. A., & Sundararajan, N. (2017). Rethinking the use of tests: A meta-analysis of practice testing. *Review of Educational Research, 87*(3), 659–701. doi:10.3102/0034654316689306

Alexander, K. (2014). *The crossover.* New York: Houghton Mifflin Harcourt.

Andreae, G. (2012). *Giraffes can't dance.* New York: Scholastic.

Applegate, K. (2015). *The one and only Ivan.* New York: HarperCollins.

Argyle, M., & Lu, L. (1990). Happiness and social skills. *Personality and Individual Differences, 11*(12), 1255–1261.

Avi. (1990). *The true confessions of Charlotte Doyle.* New York: Orchard Books.

Avi. (1995). *Poppy.* New York: Orchard Books.

Bandura, A. (2001). Social cognitive theory: An agentic perspective. *Annual Review of Psychology, 52,* 1–26. doi:10.1146/annurev.psych.52.1.1

Beaty, A. (2016). *Ada Twist, scientist.* New York: Abrams.

Berman, S., Chaffee, S., & Sarmiento, J. (2018, March 12). *The practice base for how we learn: Supporting students' social, emotional, and academic development.* Washington, DC: Aspen Institute, National Commission on Social, Emotional, and Academic Development. Retrieved from https://assets.aspeninstitute.org/content/uploads/2018/01/CDE-consensus- statement-1-23-18-v26.pdf

Boelts, M. (2016). *A bike like Sergio's.* New York: Penguin Random House.

Boyle-Baise, M., & Zevin, J. (2013). *Young citizens of the world: Teaching elementary social studies through civic engagement.* New York: Routledge.

Brackett, M., & Frank, C. (2017, September 11). Four mindful back-to-school questions to build emotional intelligence. *Washington Post.* Retrieved from https://www.washingtonpost. com/news/parenting/wp/2017/09/11/a-mindful-start-to-the-school-year-four-back-to-school-questions-to-build-emotional-intelligence

Bray, W. (2014). Fostering perseverance: Inspiring students to be "doers of hard things." *Teaching Children Mathematics, 21*(1), 5–7. doi:10.5951/teacchilmath.21.1.0005

Bryk, A. S., Sebring, P., Allensworth, E., Luppescu, S., & Easton, J. Q. (2010). *Organizing schools for improvement: Lessons from Chicago.* Chicago: University of Chicago Press.

Burdick-Will, J. (2013). School violent crime and academic achievement in Chicago. *Sociology of Education, 86*(4), 343–361. doi:10.1177/0038040713494225

Byland, A. A. (2015, June). From "tough kids" to change agents. *Educational Leadership, 72*(9), 28–34. Retrieved from http://www.ascd.org/publications/educational-leadership/jun15/vol72/num09/From-%C2%A3Tough-Kids%C2%A3-to-Change-Agents.aspx

Callaghan, M. (1936). All the years of her life. In *Now that April's here and other stories* (pp. 9–16). New York: Random House.

Casey, B. J., Somerville, L. H., Gotlib, I. H., Ayduk, O., Franklin, N. T., Askren, M. K., . . . & Shoda, Y. (2011). Behavioral and neural correlates of delay of gratification 40 years later. *Proceedings of the National Academy of Sciences, 108*(36), 14998–15003. doi:10.1073/ pnas.1108561108

Collaborative for Academic, Social, and Emotional Learning. (2005). *Safe and sound: An educational leader's guide to evidence-based social and emotional learning (SEL) programs.* Chicago: Author.

Collins, S. (2008). *The hunger games.* New York: Scholastic.

Compas, B. E., Jaser, S. S., Bettis, A. H., Watson, K. H., Gruhn, M. A., Dunbar, J. P., . . . & Thigpen, J. C. (2017). Coping, emotion regulation, and psychopathology in childhood and adolescence: A meta-analysis and narrative review. *Psychological Bulletin, 143*(9), 939–991. doi:10.1037/bul0000110

Costello, B., Wachtel, J., & Wachtel, T. (2009). *The restorative practices handbook for teachers, disciplinarians and administrators.* Bethlehem, PA: International Institute for Restorative Practices.

Cuddy, A. (2015). *Presence: Bringing your boldest self to your biggest challenges.* New York: Little, Brown.

Cuddy, A., Fiske, S., & Glick, P. (2007). The BIAS map: Behaviors from intergroup affect and stereotypes. *Journal of Personality and Social Psychology, 92*(4), 631–648. doi:10.1037/0022-3514.92.4.631

Cuddy, A. J. C., Schultz, A. J., & Fosse, N. E. (2018). *P*-curving a more comprehensive body of research on postural feedback reveals clear evidential value for power-posing effects: Reply to Simmons and Simonsohn. *Psychological Science, 29*(4), 656–666.

Danese, A., & McEwen, B. S. (2012). Adverse childhood experiences, allostasis, allostatic load, and age-related disease. *Physiology & Behavior, 106*(1), 29–39. doi:10.1016/j. physbeh.2011.08.019

Daniels, H. (2002). *Literature circles: Voice and choice in book clubs and reading groups* (2nd ed.). Portland, ME: Stenhouse.

Delpit, L. (2012). *"Multiplication is for white people": Raising expectations for other people's children.* New York: New Press.

Demi. (1997). *One grain of rice: A mathematical folktale.* New York: Scholastic.

Dendy, L., & Boring, M. (2005). *Guinea pig scientists: Bold self-experimenters in science and medicine.* New York: Holt.

Desliver, D. (2016, June 10). Turnout was high in the 2016 primary season, but just short of 2008 record. *Pew Research Center.* Retrieved from http://www.pewresearch.org/ fact-tank/2016/06/10/turnout-was-high-in-the-2016-primary-season-but-just-short-of-2008-record/

DeWitt, P. (2018, January 4). 4 ways to get skeptics to embrace social-emotional learning: Educators must pay attention to students' well-being. *EdWeek.* Retrieved from https://www.edweek.org/ew/articles/2018/01/05/4-ways-to-get-skeptics-to-embrace. html

Duncan, G. J., Dowsett, C. J., Claessens, A., Magnuson, K., Huston, A. C., Klebanov, P., . . . & Japel, C. (2007). School readiness and later achievement. *Developmental Psychology, 43,* 1428–1446. doi:10.1037/0012-1649.43.6.1428

Dunlosky, J., & Rawson, K. (2012). Overconfidence produces underachievement: Inaccurate self evaluations undermine students' learning and retention. *Learning and Instruction, 22*(4), 271–280. doi:10.1016/j.learninstruc.2011.08.003

Durlak, J. A., Weissberg, R. P., Dymnicki, A. B., Taylor, R. D., & Schellinger, K. B. (2011). The impact of enhancing students' social and emotional learning: A meta-analysis of school-based universal interventions. *Child Development, 82*(1), 405–

432. doi:10.1111/ j.1467-8624.2010.01564.x

Durlak, J. A., Weissberg, R. P., & Pachan, M. (2010). A meta-analysis of after-school programs that seek to promote personal and social skills in children and adolescents. *American Journal of Community Psychology, 45*(3–4), 294–309. doi:10.1007/ s10464-010-9300-6

Dweck, C. S. (2006). *Mindset: The new psychology of success.* New York: Ballantine.

Elias, M. J., Zins, J. E., Weissberg, R. P., Frey, K. S., Greenberg, M. T., Haynes, N. M., . . . Shriver, T. P. (1997). *Promoting social and emotional learning: Guidelines for educators.* Alexandria, VA: ASCD.

Farnam Street. (n.d.). *Carol Dweck: A summary of the two mindsets and the power of believing that you can improve* [blog post]. Retrieved from https://fs.blog/2015/03/ carol-dweck-mindset/

Finnis, M. (2018, April 6). *33 ways to build better relationships.* Retrieved from https:// www. independentthinking.co.uk/blog/posts/2018/april/33-ways-to-build-better-relationships/

Fisher, D., & Frey, N. (2011). *The purposeful classroom: How to structure lessons with learning goals in mind.* Alexandria, VA: ASCD.

Fisher, D., & Frey, N. (2014, November). Speaking volumes. *Educational Leadership 72*(3), 18–23.

Fisher, D., Frey, N., & Pumpian, I. (2012). *How to create a culture of achievement in your school and classroom.* Alexandria, VA: ASCD.

Fisher, D., Frey, N., Quaglia, R. J., Smith, D., & Lande, L. L. (2017). *Engagement by design: Creating learning environments where students thrive.* Thousand Oaks, CA: Corwin.

Flake, S. (2007). *The skin I'm in.* New York: Hyperion.

Flegenheimer, C., Lugo-Candelas, C., Harvey, E., & McDermott, J. M. (2018). Neural processing of threat cues in young children with attention-deficit/hyperactivity symptoms. *Journal of Clinical Child & Adolescent Psychology, 47*(2), 336–344. doi:10.1080/15374416.2017.1286 593

Frey, N., Fisher, D., & Nelson, J. (2013). Todo tiene que ver con lo que se habla: It's all about the talk. *Phi Delta Kappan, 94*(6), 8–13. doi:10.1177/003172171309400603

Furr, R. M., & Funder, D. C. (1998). A multimodal analysis of personal negativity. *Journal of Personality and Social Psychology, 74*(6), 1580–1591.

Gerdes, K., Segal, E., Jackson, K., & Mullins, J. (2011). Teaching empathy: A framework rooted in social cognitive neuroscience and social justice. *Journal of Social Work Education, 47*(1), 109–131. doi:10.5175/JSWE.2011.200900085

Gergen, D. (2012, September 30). A candid conversation with Sandra Day O'Connor: "I can still make a difference." *Parade.* Retrieved from https://parade.com/125604/davidgergen/ 30-sandra-day-oconnor-i-can-make-a-difference/

Gordon, M. (2009). *Roots of empathy: Changing the world child by child.* New York: The Experiment.

Gordon, S. C., Dembo, M. H., & Hocevar, D. (2007). Do teachers' own learning behaviors influence their classroom goal orientation and control ideology? *Teaching and Teacher Education, 23*(1), 36–46. doi:10.1016/j.tate.2004.08.002

Hannah, S. T., Sweeney, P. J., & Lester, P. B. (2010). The courageous mind-set: A dynamic personality system approach to courage. In C. L. S. Pury & S. J. Lopez (Eds.), *The psychology of courage: Modern research on an ancient virtue* (pp. 125–148). Washington, DC: American Psychological Association.

Harrington, N. G., Giles, S. M., Hoyle, R. H., Feeney, G. J., & Yungbluth, S. C. (2001). Evaluation of the All Stars character education and problem behavior prevention program: Effects on mediator and outcome variables for middle school students. *Health Education & Behavior, 28*(5), 533–546. doi:10.1177/109019810102800502

Hattie, J. (2009). *Visible learning: A synthesis of over 800 meta-analyses relating to achievement.* New York: Routledge.

Hattie, J., & Timperley, H. (2007). The power of feedback. *Review of Educational Research, 77*(1), 81–112.

Hawkins, J. D., Smith, B. H., & Catalano, R. F. (2004). Social development and social and emotional learning. In J. E. Zins, R. P. Weissberg, M. C. Wang, & H. J. Walberg (Eds.), *Building academic success on social and emotional learning: What does the research say?* (pp. 135–150). New York: Teachers College Press.

Henderson, N. (2013, September). Havens of resilience. *Educational Leadership, 71*(1), 22–27. Hinton, S. E. (1967). *The outsiders.* New York: Viking Press.

Hoffman, M. (1991). *Amazing Grace.* New York: Dial Books/Penguin.

House, B., & Tomasello, M. (2018). Modeling social norms increasingly influences costly sharing in middle childhood. *Journal of Experimental Child Psychology, 171,* 84–98. doi:10.1016/j. jecp. 2017.12.014

Humphrey, N., Kalambouka, A., Wigelsworth, M., Lendrum, A., Deighton, J., & Wolpert, M. (2011). Measures of social and emotional skills for children and young people: A systematic review. *Educational and Psychological Measurement, 71*(4), 617–637. doi:10.1177/ 0013164410382896

Huntington, J. F. (2016). *The resiliency quiz.* Chevy Chase, MD: Huntington Resiliency Training. Retrieved from http://www.huntingtonresiliency.com/the-resiliency-quiz/

Jacobson, N., & Ross, G. (2012). *The hunger games* [motion picture]. United States: Lionsgate Films.

James-Ward, C., Fisher, D., Frey, N., & Lapp, D. (2013). *Using data to focus instructional improvement.* Alexandria, VA: ASCD.

Jiang, Y. J., Ma, L., & Gao, L. (2016). Assessing teachers' metacognition in teaching: The Teacher Metacognition Inventory. *Teaching and Teacher Education, 59,* 403–413. doi:10.1016/j. tate.2016.07.014

Johnston, P. H. (2004). *Choice words: How our language affects children's learning.* Portsmouth, NH: Stenhouse.

Jones, S., Bailey, R., Brush, K., & Kahn, J. (2018). *Preparing for effective SEL implementation.* Cambridge, MA: Harvard Graduate School of Education.

Jones, S., Brush, K., Bailey, K., Brion-Meisels, G., McIntyre, J., Kahn, J., . . . & Stickle, L. (2017). *Navigating SEL from the inside out. Looking inside & across 25 leading SEL programs: A practical resource for schools and OST providers (elementary school focus).* Cambridge, MA: Harvard Graduate School of Education and the Wallace Foundation. Retrieved from http://www.wallacefoundation.org/knowledge-center/Documents/Navigating-Social-and- Emotional-Learning-from-the-Inside-Out.pdf

Jordan, D., & Jordan, R. M. (2003). *Salt in his shoes: Michael Jordan in pursuit of a dream.* New York: Simon & Schuster.

Kackar-Cam, H., & Schmidt, J. (2014). Community-based service-learning as a context for youth autonomy, competence, and relatedness. *The High School Journal, 98*(1), 83–108. doi:10.1353/hsj.2014.0009

Kamkwamba, W., & Mealer, B. (2010). *The boy who harnessed the wind: Creating currents of electricity and hope.* New York: HarperCollins.

Katz, L., Sax, C., & Fisher, D. (2003). *Activities for a diverse classroom: Connecting students* (2nd ed.). Colorado Springs, CO: PEAK.

Kawashima-Ginsberg, K. (2012, December). *Summary of findings from the evaluation of iCivics' Drafting Board intervention* (CIRCLE Working Paper #76). Medford, MA: Tufts University, Center for Information & Research on Civic Learning & Engagement. Retrieved from http://www.civicyouth.org/wp-content/uploads/2012/12/WP_76_KawashimaGinsberg.pdf

Kidd, C., Palmeri, H., & Aslin, R. N. (2013). Rational snacking: Young children's decision-making on the marshmallow task is moderated by beliefs about environmental reliability. *Cognition, 126*(1), 109–114. doi:10.1016/j.cognition.2012.08.004

King, R. R., & Datu, J. A. (2017). Happy classes make happy students: Classmates' well-being predicts individual student well-being. *Journal of School Psychology, 65,* 116–128.

Kohlberg, L. (1963). The development of children's orientations toward a moral order: I. Sequence in the development of moral thought. *Vita Humana, 6*(1–2), 11–33.

Kristian, B. (2014, September 19). Nearly two-thirds of Americans can't name all three branches of the government. *The Week.* Retrieved from http://theweek.com/speedreads/445970/ nearly-twothirds-americans-cant-name-all-three-branches-government

Kuypers, L. (2013). The zones of regulation: A framework to foster self-regulation. *Sensory Integration, 36*(4), 1–3.

Lamott, A. (1995). *Bird by bird: Some instruction on writing and life.* New York: Anchor.

LeCompte, K., Moore, B., & Blevins, B. (2011). The impact of iCivics on students' core civic knowledge. *Research in the Schools, 18*(2), 58–74.

Lee, D. S., Ybarra, O., Gonzalez, R., & Ellsworth, P. (2018). I-through-we: How supportive social relationships facilitate personal growth. *Personality & Social*

Psychology Bulletin, 44(1), 37–48. doi:10.1177/0146167217730371

Levine, P., & Kawashima-Ginsberg, K. (2017, September 21). *The Republic is (still) at risk—And civics is part of the solution. A briefing paper for the Democracy at a Crossroads National Summit.* Retrieved from http://www.civxnow.org/documents/ v1/SummitWhitePaper.pdf Liberman, Z. L., & Shaw, A. (2017). Children use partial resource sharing as a cue to friendship. *Journal of Experimental Child Psychology, 159,* 96–109.

Lionni, L. (1996). *It's mine!* New York: Dragonfly Books.

Lithwick, D. (2018, February 28). They were trained for this moment. How the student activists of Marjory Stoneman Douglas High demonstrate the power of a comprehensive education. *Slate.* Retrieved from https://slate.com/news-and-politics/2018/02/ the-student-activists-of-marjory-stoneman-douglas-high-demonstrate-the-power-of-a-full-education.html

Lower, L. M., Newman, T. J., & Anderson-Butcher, D. (2017). Validity and reliability of the Teamwork Scale for Youth. *Research on Social Work Practice, 27*(6), 716–725. doi:10.1177/ 1049731515589614

Lowry, L. (1989). *Number the stars.* Boston: Houghton Mifflin Harcourt.

Macgowan, M. J., & Wong, S. E. (2017). Improving student confidence in using group work standards. *Research on Social Work Practice, 27*(4), 434–440. doi:10.1177/ 1049731515587557

Maclellan, E. (2014). How might teachers enable learner self-confidence? A review study. *Educational Review, 66*(1), 59–74. doi:10.1080/00131911.2013.768601

Maier, S., & Seligman, M. (1976). Learned helplessness: Theory and evidence. *Journal of Experimental Psychology: General, 105*(1), 3–46. doi:10.1037/0096-3445.105.1.3

Marinak, B. A., & Gambrell, L. B. (2016). *No more reading for junk: Best practices for motivating readers.* Portsmouth, NH: Heinemann.

Marsden, P. (1998). Memetics and social contagion: Two sides of the same coin? *Journal of Memetics: Evolutionary Models of Information Transmission, 2.* Retrieved from http://cfpm.org/jom-emit/1998/vol2/marsden_p. html

Marulis, L. M., Palincsar, A., Berhenke, A., & Whitebread, D. (2016). Assessing metacognitive knowledge in 3–5 year olds: The development of a metacognitive knowledge interview (McKI). *Metacognition and Learning, 11*(3), 339–368. doi:10.1007/s11409-016-9157-7

Mattis, J. S., Hammond, W. P., Grayman, N., Bonacci, M., Brennan, W., Cowie, S.A., . . . & So, S. (2009). The social production of altruism: Motivations for caring action in a low-in-come urban community. *American Journal of Community Psychology, 43*(1–2), 71–84. doi:10.1007/s10464-008-9217-5

Mayer, J., Salovey, P., & Caruso, D. (2000). Emotional intelligence as zeitgeist, as personality, and as a mental ability. In R. Bar-On & J. D. A. Parker (Eds.), *The handbook of emotional intelligence* (pp. 92–117). San Francisco: Jossey-Bass.

McConnell, C. (2011). *The essential questions handbook, grades 4–8.* New York: Scholastic.

Midgley, C. (Ed.). (2002). *Goals, goal structures, and patterns of adaptive learning.* Mahwah, NJ: Erlbaum.

Mikami, A. Y., Ruzek, E., Hafen, C., Gregory, A., & Allen, J. (2017). Perceptions of relatedness with classroom peers promote adolescents' behavioral engagement and achievement in secondary school. *Journal of Youth & Adolescence, 46*(11), 2341–2354.

Miller, L. (1989). Modeling awareness of feelings: A needed tool in the therapeutic communica-tion workbox. *Perspectives in Psychiatric Care, 25*(2), 27–29. doi:10.1111/j.1744-6163.1989. tb00300.x

MindTools. (n.d.). Building self-confidence: Preparing yourself for success! Retrieved from https://www.mindtools.com/selfconf.html

Montgomery, S., Miller, W., Foss, P., Tallakson, D., & Howard, M. (2017). Banners for books: "Mighty-hearted" kindergartners take action through arts-based service learning. *Early Childhood Education Journal, 45*(1), 1–14. doi:10.1007/s10643-015-0765-7

Montroy, J. J., Bowles, R. P., Skibbe, L. E., McClelland, M. M., & Morrison, F. J. (2016). The development of self-regulation across early childhood. *Developmental Psychology, 52*(11), 1744–1762. doi:10.1037/dev0000159

Naragon-Gainey, K., McMahon, T. P., & Chacko, T. P. (2017). The structure of common emotion regulation strategies: A meta-analytic examination. *Psychological Bulletin, 143*(4), 384–427. doi:10.1037/bul0000093

National Geographic. (2008). *Every human has rights. A photographic declaration for kids.* New York: Penguin Random House.

National Youth Leadership Council. (2008). *K–12 service-learning standards for quality practice.* Saint Paul, MN: Author. Retrieved from https://nylc.org/wp-content/ uploads/ 2015/10/standards_document_mar2015update.pdf

Nelson, A. E. (2009). *Social influence survey.* Retrieved from https://stca.org/ documents/2016/6/ Kidlead%20Social%20Influence%20Survey.pdf

Nelson, A. E. (2017). Mining student leadership gold. *Principal Leadership, 17*(7), 48–51.

Noddings, N. (2012). The caring relation in teaching. *Oxford Review of Education, 38*(6), 771–781. doi:10.1080/03054985.2012.745047

Norton, P. J., & Weiss, B. J. (2009). The role of courage on behavioral approach in a fear-eliciting situation: A proof-of-concept pilot study. *Journal of Anxiety Disorders, 23*(2), 212–217. doi:10.1016/j.janxdis.2008.07.002

Öhman, A., Flykt, A., & Esteves, F. (2001). Emotion drives attention: Detecting the snake in the grass. *Journal of Experimental Psychology, 130*(3), 466–478. doi:10.1037/ 0096-3445.130.3.466

O'Keefe, P. A., Ben-Eliyahu, A., & Linnenbrink-Garcia, L. (2013). Shaping achievement goal orientations in a mastery-structured environment and concomitant changes in related contingencies of self-worth. *Motivation and Emotion, 37*(1), 50–64. doi:10.1007/ s11031-012-9293-6

Orwell, G. (1946). *Animal farm.* New York: Harcourt, Brace.

Palacio, R. J. (2012). *Wonder.* New York: Random House.

Palincsar, A. S., & Brown, A. L. (1984). Reciprocal teaching of comprehension-fostering and comprehension-monitoring activities. *Cognition and Instruction, 1*(2), 117–175. doi:10.1207/s1532690xci0102_1

Park, D., Tsukayama, E., Goodwin, G., Patrick, S., & Duckworth, A. (2017). A tripartite taxonomy of character: Evidence for intrapersonal, interpersonal, and intellectual competencies in children. *Contemporary Educational Psychology, 48,* 16–27. doi:10.1016/j. cedpsych.2016.08.001

Partnership for 21st Century Learning. (2015). The 4Cs research series. Retrieved from http://www.p21.org/our-work/4cs-research-series

Perkins, D. N., & Salomon, G. (1992). Transfer of learning. *International encyclopedia of education* (2nd ed.). Oxford: Pergamon.

Perkins-Gough, D., & Duckworth, A. (2013, September). The significance of GRIT. *Educational Leadership, 71*(1), 14–20.

Peterson, E., & Meissel, K. (2015). The effect of Cognitive Style Analysis (CSA) test on achievement: A meta-analytic review. *Learning and Individual Differences, 38,* 115–122. doi:10.1016/j.lindif.2015.01.011

Phelps, E. A. (2004). Human emotion and memory: Interactions of the amygdala and hippocampal complex. *Current Opinion in Neurobiology, 14*(2), 198–202. doi:10.1016/j. conb.2004.03.015

Pinker, S. (2012). *The better angels of our nature: Why violence has declined.* New York: Penguin.

Plutchik, R. (1997). The circumplex as a general model of the structure of emotions and personality. In R. Plutchik & H. R. Conte (Eds.), *Circumplex models of personality and emotions* (pp. 17–45). Washington, DC: American Psychological Association.

Posner, G. (1992). *Analyzing the curriculum* (2nd ed.). New York: McGraw-Hill.

Potter, L. A. (2016). Provoking student interest in civic responsibility with an 18th century diary entry. *Social Education, 80*(4), 224–226.

Ramirez, G., McDonough, I. M., & Ling, J. (2017). Classroom stress promotes motivated forgetting of mathematics knowledge. *Journal of Educational Psychology, 109*(6), 812–825. doi:10.1037/edu0000170

Rivera, J., & Docter, P. (2015). *Inside out* [motion picture]. United States: Walt Disney Pictures.

Republic [Def. 2]. (n.d.). In *Merriam-Webster online.* Retrieved from https://www.merriam-webster.com/dictionary/republic

Road Not Taken [computer software]. Kirkland, WA: Spry Fox.

Rosen, L. D. (2017). The distracted student mind—Enhancing its focus and attention. *Phi Delta Kappan, 99*(2), 8–14. doi:10.1177/0031721717734183

Ryan, P. M. (2000). *Esperanza rising.* New York: Scholastic.

Sapon-Shevin, M. (1998). *Because we can change the world: A practical guide to building cooperative, inclusive classroom communities.* Boston: Allyn & Bacon.

The Secretary's Commission on Achieving Necessary Skills. (1992). *Learning a living: A blue- print for high performance. A SCANS report for America 2000*. Washington, DC: U.S. Department of Labor. Retrieved from https://wdr.doleta.gov/scans/lal/lal. pdf

Shakur, T. (1999). *The rose that grew from concrete*. New York: MTV Books/Simon & Schuster.

Shannon, D. (2002). *David gets in trouble*. New York: Scholastic.

Shoda, Y., Mischel, W., & Peake, P. K. (1990). Predicting adolescent cognitive and self-regulatory competencies from preschool delay of gratification: Identifying diagnostic conditions. *Developmental Psychology, 26*(6), 978–986. doi:10.1037/0012-1649.26.6.978

Sisk, V. F., Burgoyne, A. P., Sun, J., Butler, J. L., & Macnamara, B. N. (2018). To what extent and under which circumstances are growth mind-sets important to academic achievement? Two meta-analyses. *Psychological Science, 29*(4), 549–571. doi:10.1177/0956797617739704

Smith, D., Fisher, D., & Frey, N. (2015). *Better than carrots or sticks: Restorative practices for positive classroom management*. Alexandria, VA: ASCD.

Smith, D., Frey, N. E., Pumpian, I., & Fisher, D. (2017). *Building equity: Policies and practices to empower all learners*. Alexandria, VA: ASCD.

Spinelli, J. (1990). *Maniac Magee*. New York: Little, Brown.

Spinelli, J. (1996). *Wringer*. New York: HarperCollins.

Sternberg, R. J. (1998). Metacognition, abilities, and developing expertise: What makes an expert student? *Instructional Science, 26*(1–2), 127–140. doi:10.1023/A:1003096215103

Stirin, K., Ganzach, Y., Pazy, A., & Eden, D. (2012). The effect of perceived advantage and disadvantage on performance: The role of external efficacy. *Applied Psychology, 61*(1), 81–96. doi:10.1111/j.1464-0597.2011.00457.x

Strom, B. S. (2016). Using service learning to teach *The Other Wes Moore*: The importance of teaching nonfiction as critical literacy. *English Journal, 105*(4), 37–42.

Talsma, K., Schüz, B., Schwarzer, R., & Norris, K. (2018). I believe, therefore I achieve (and vice versa): A meta-analytic cross-lagged panel analysis of self-efficacy and academic performance. *Learning and Individual Differences, 61,* 136–150. doi:10.1016/j.lindif.2017.11.015

Trollope, A. (2014). *Anthony Trollope: An autobiography and other writings.* (N. Shrimpton, Ed.). New York: Oxford University Press.

Ungar, M. (2008). Resilience across cultures. *British Journal of Social Work, 38*(2), 218–235. doi:10.1093/bjsw/bcl343

Ungar, M., Brown, M., Liebenberg, L., Othman, R., Kwong, W. M., Armstrong, M., & Gilgun, J. (2007). Unique pathways to resilience across cultures. *Adolescence, 42*(166), 287–310.

U.S. Department of Education, National Center for Education Statistics. (2015). *National Assessment of Educational Progress (NAEP), 2014 Civics assessments.* Retrieved from https://nces.ed.gov/nationsreportcard/civics/

United Nations. (1948, December 10). *The Universal Declaration of Human Rights.* Retrieved from http://www.un.org/en/universal-declaration-human-rights/

van der Linden, D. V., Pekaar, K. A., Bakker, A. B., Schermer, J. A., Vernon, P. A., Dunkel, C. S., & Petrides, K. V. (2017). Overlap between the general factor of personality and emotional intelligence: A meta-analysis. *Psychological Bulletin, 143*(1), 36–52. doi:10.1037/ bul0000078

Vasquez, J. (1989). Contexts of learning for minority students. *The Educational Forum, 52*(3), 243–253. doi:10.1080/00131728809335490

Vogel, S., & Schwabe, L. (2016). Learning and memory under stress: Implications for the classroom. *NPJ Science of Learning, 1,* 1–10. doi:10.1038/npjscilearn.2016.11

Waters, E., & Sroufe, L. A. (1983). Social competence as a developmental construct. *Developmental Review, 3*(1), 79–97. doi:10.1016/0273-2297(83)90010-2

White, R. E., Prager, E. O., Schaefer, C., Kross, E., Duckworth, A., & Carlson, S. M. (2017). The "Batman effect": Improving perseverance in young children. *Child Development, 88*(5), 1563–1571. doi:10.1111/cdev.12695

Williams, V. B. (1982). *A chair for my mother.* New York: HarperCollins.

Wilson, D. B., Gottfredson, D. C., & Najaka, S. S. (2001). School-based prevention of problem behaviors: A meta-analysis. *Journal of Quantitative Criminology, 17*(3),

247–272. doi:10.1023/A:1011050217296

Zimmerman, B. J. (1989). A social cognitive view of self-regulated academic learning. *Journal of Educational Psychology, 81*(3), 329–339. doi:10.1037/0022-0663.81. 3.329

國家圖書館出版品預行編目（CIP）資料

融入式社會情緒學習：幫助學生發展SEL核心技能／
Nancy Frey, Douglas Fisher, Dominique Smith著；
侯秋玲譯. -- 初版. -- 新北市：心理出版社股份有限
公司, 2024. 06
　　面；　　公分. --（課程教學系列；41344）
　　譯自：All learning is social and emotional: helping
students develop essential skills for the classroom and
beyond.
　　ISBN 978-626-7447-15-4（平裝）

　　1.CST: 情意教育 2.CST: 情緒教育

521.18　　　　　　　　　　　　　　　113007211

課程教學系列 41344

融入式社會情緒學習：幫助學生發展 SEL 核心技能

作　　者：Nancy Frey、Douglas Fisher、Dominique Smith

譯　　者：侯秋玲

執行編輯：林汝穎

總 編 輯：林敬堯

發 行 人：洪有義

出 版 者：心理出版社股份有限公司

地　　址：231026 新北市新店區光明街 288 號 7 樓

電　　話：(02) 29150566

傳　　真：(02) 29152928

郵撥帳號：19293172　心理出版社股份有限公司

網　　址：https://www.psy.com.tw

電子信箱：psychoco@ms15.hinet.net

排 版 者：菩薩蠻數位文化有限公司

印 刷 者：辰皓國際出版製作有限公司

初版一刷：2024 年 6 月

I S B N：978-626-7447-15-4

定　　價：新台幣 280 元